다시 한번 두근거림을 느끼고 싶은 마음, 취미를 갖는 것.
배우고 싶고 성장하고 싶은 마음, 취미를 갖는 것.
세상과 소통하는 새로운 길을 열고 싶은 마음, 취미를 갖는 것.

취미를 통해 즐거워지는 일상을 꿈꿉니다.
취미를 통해 인생은 좀 더 멋져집니다.

EVERYHOBBY Vol.01 Camping

일상의 쉼표, 캠핑을 시작하다

이원택 지음

일상과 여행 사이에서 방황할 때, 우리는 캠핑을 떠난다.

쏟아질듯한 별을 보며 시시콜콜한 대화를 나누던
그날 밤을 우리는 잊지 못할 것이다.

CONTENTS

- 010 프롤로그
- 012 인터뷰 캠핑을 사랑하는 이들에게 물었다

PART 1 TYPES OF CAMPING
내게 맞는 캠핑은 무엇일까

- 016 Special Note 01 캠핑의 시야를 넓히자

캠핑 스타일로 결정하기
- 018 워킹캠핑
- 020 백패킹캠핑
- 022 바이크캠핑
- 024 오토캠핑
- 026 캐러밴캠핑

캠핑 테마로 결정하기
- 029 페스티벌캠핑
- 030 등산캠핑
- 031 낚시캠핑
- 032 서핑캠핑
- 033 스노우보딩캠핑
- 034 Camping Episode 도심 속 작은 힐링 옥상캠핑
- 036 Special Note 02 알찬 캠핑 정보 여기 다 모여있다

PART 2 CAMPING GEAR
캠핑 장비에 대해 알아보자

캠핑 장비 베이직 가이드
- 041 텐트
- 048 타프
- 051 침낭
- 052 연료
- 054 랜턴
- 055 스토브
- 056 테이블
- 058 의자
- 060 화로대
- 062 더치오븐
- 064 주방용품
- 065 기타 장비
- 068 액세서리
- 070 계절 장비
- 072 Special Note 03 아웃도어 브랜드 히스토리

내게 맞는 장비 고르기
- 076 장비 구입 시 고려할 사항
- 077 장비 구입 체크 리스트
- 078 캠핑 장비 저렴하게 구매하기
- 080 합리적 가격의 장비 소개
- 082 100만원으로 캠핑 장비 갖추기
- 084 500만원으로 캠핑 장비 갖추기
- 086 Camping Episode 도심 속 놀이동산 해외 아웃도어 매장

PART 3 HOW TO CAMPING
캠핑을 떠나보자

떠나기 전부터 캠핑은 시작된다
- 091 미리 체크해야 할 것
- 092 짐 싣기 노하우

캠핑장에 도착해서
- 095 장소 선택하기
- 097 바닥재 깔기
- 098 텐트 설치하기
- 100 타프 설치하기
- 102 텐트와 타프 배치 방법
- 106 캠핑장 꾸미기
- 108 Special Note 04 지구를 덜 아프게 하는 방법

알아두면 유용한 캠핑 스킬
- 110 매듭법 완전 정복
- 114 불 피우는 법
- 115 응급상황 대처법

날씨별 캠핑 노하우
- 117 우중 캠핑
- 119 설중 캠핑

캠핑 놀이 가이드
- 122 대화
- 122 독서
- 123 영화 감상
- 124 사진 찍기
- 125 야외 활동
- 126 *Special Note 05* 캠핑 매너에 대하여

맛있고 특별한 캠핑 요리
- 129 캠핑 요리 노하우
- 130 밥
- 131 로스트 치킨
- 132 찹 스테이크
- 133 어묵탕
- 134 타코야키
- 135 김치전
- 136 타코
- 137 상그리아

캠핑을 마친 후
- 139 캠핑장을 떠나며
- 141 텐트 관리하기
- 142 *Special Note 06* 모이면 즐겁다 캠핑 관련 행사들

PART 4 ENJOY CAMPING
즐거운 캠프 생활을 위하여

캠핑 120% 즐기기
- 147 캠퍼를 더욱 캠퍼답게 아웃도어 스타일링
- 148 캠퍼의 로망 솔로캠핑
- 150 캠핑의 추억을 영원히 잘 찍은 사진 한 장
- 154 *Camping Episode* 훌쩍 떠난 후쿠오카 치유의 캠핑

일상에서 캠핑을 즐기는 방법
- 157 숨소리, 땀방울까지 생생하게 아웃도어 영상물
- 158 캠핑이 그리운 도시남녀를 위해 글램핑
- 160 내 캠핑 이상형은 누구? 유명 캠핑 크루 총 출동
- 162 *Special Note 07* 지속 가능한 캠핑을 위하여

- 166 **에필로그**
- 168 **부록** CAMPING SPOT 95 캠핑장 완전 정복

프롤로그
Prologue

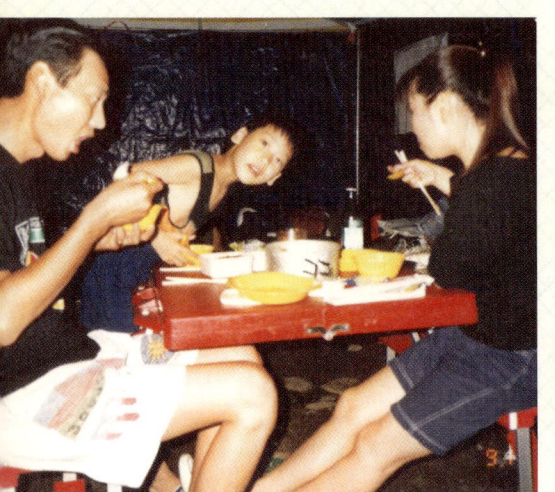

내 오른쪽 종아리에는 작은 화상자국이 있다. 초등학교도 들어가기 전 가족과 함께 떠난 캠핑에서 조리 중인 코펠에 닿아 생긴 상처다. 이제는 희미해진 자국만큼이나 가족들과 함께 했던 캠핑의 기억이 가물가물하다. 성인이 되어 캠핑을 취미로 즐기면서 가족캠핑을 떠난 적이 없다는 걸 깨달았다. 어렸을 때는 함께 산으로 바다로 꽤 자주 다녔었지만, 커가면서 가족보다 친구와 함께하는 시간이 더 많아졌다. 가끔 하는 외식을 제외하고는 온 가족이 공통의 무언가를 공유한 적이 별로 없는 것 같아 가족캠핑을 제안했다. 그리고 오랜만에 모두가 한자리에 모인 그 속에서 오랫동안 잊고 있던 유년의 기억이 떠올랐다.

주말이면 아버지는 우리를 데리고 이곳저곳으로 다니셨다. 자동차로 인적이 드물고 험한 산길을 올라갈 때면 온 가족이 흔들리는 차 안에서 몸을 가누기 위해 잡을 곳을 찾느라 바빴다. 그렇게 달리다가 '끼이익'하는 사이드 브레이크 소리와 "오늘은 여기다." 란 아버지의 이야기로 멈춰선 곳이 우리의 캠핑장이 되었다. 떨어진 밤을 주워 모닥불에 구워먹고, 코펠에 라면을 끓여 먹다가 더워지면 계곡물로 뛰어들었다. 나는 부모님께 유년시절의 귀중한 경험을 선물 받았으며, 아마도 나의 아이 또한 그런 경험을 하게 될 것이다.

긴 시간을 함께 해온 아내와도 캠핑에 각별한 추억이 있다. 활동적인 나와는 대조적으로 내성적인 그녀이기에 우리는 오랜 연애 기간에도 불구하고 공통의 취미가 없었다. 연인과 함께 하는 취미는 그림의 떡인 줄로만 알았는데 캠핑을 즐기면서 달라졌다. 캠핑은 활동적이라면 한없이 활동적이지만, 한편으로는 조용히 자신만의 시간을 가질 수 있는 장소를 제공해 준다. 마치 어릴 적 했던 소꿉놀이를 다시 하는 것 같은 즐거움에 그녀도 점점 캠핑에 빠져들게 되었다.

사회에서 만난 인연과의 캠핑도 특별하다. 각박한 서울 바닥에서 만나 밤마다 술잔을 기울이며 서로의 이야기를 나누던 우리는 어느 날 시간을 내어 캠핑장으로 향했다. 쏟아질듯한 밤 하늘의 별을 보며 시시콜콜한 대화를 나누던 그때를 잊지 못할 것이다.

이렇듯 나에게 캠핑은 만인에게 긍정으로 다가갈 수 있는 취미이자 라이프스타일이다. 캠핑은 정해진 룰이 없다. 각자가 원하는 대로 즐기면 그만인 것이다. 오늘도 복잡한 도심에서 어깨를 부딪히며 지나가는 수많은 사람들. 가끔은 너른 공간에서 깊이 숨을 내쉬고, 마음껏 팔도 휘둘러보며 타인의 시선을 의식하지 않고 마음 가는 대로 행동하고 싶어진다. 만약 그런 것이 가능하다면 굳이 하지 않을 이유가 있을까? 캠핑은 내가 발견한 그런 이상향에 가장 가까운 대답이다.

인터뷰 Interview
캠핑을 사랑하는 이들에게 물었다

이름 김용환 **나이** 30세 **성별** 남
캠핑 경력 5년 **사용 텐트** MSR 허바허바와 스노우피크 트레일트리퍼 2를 사용합니다.

취미로 캠핑을 시작한 이유 긴 연애의 돌파구랄까. 잠시 일본에 있었을 당시의 향수랄까(일본은 워낙 아웃도어가 인기니까요). 딱 한가지 이유로 단정 짓기 힘들지만 그 중에서 꼽자면 캠핑은 나다운 복장을 할 수 있는 것이 좋아서 시작한 것 같아요. 아웃도어 패션에 관심이 많아서 〈GO OUT〉을 즐겨보는데 사회생활을 할 때는 그렇게 입는 것이 힘들잖아요. 저는 원래 다른 사람 눈치를 안보고 다니긴 하지만요(웃음) **내가 생각하는 캠핑의 매력** 바쁜 일상 속에서 여유를 만끽할 수 있다는 점 아닐까요? 무엇에도 얽매이지 않고 한없이 철없는 행동을 하며 놀아도 누구도 뭐라 하지 않죠. 특히 긴 연애를 한 커플에게 추천해 주고 싶어요. 조금은 권태로웠던 관계에 산삼 같은 효과를 낼 거에요. **초보 캠퍼에게 해주고 싶은 이야기** 조금 어렵네요. 음, 정말 필요한 것 몇 가지만 챙겨서 일단 떠나보세요. 힘들고 재미없다고 느껴지면 멈추고 흥미가 생기면 계속하세요. 그렇게 캠핑을 하다 보면 필요한 장비가 생길 거에요. 그때 구입하세요. 장비가 캠핑의 전부가 아니라는 사실을 기억하세요. 장비에 얽매이지 말고 자신만의 스타일을 만드시길 바랍니다.

취미로 캠핑을 시작한 이유 먼저 캠핑을 즐기던 지인을 따라 시작하게 되었습니다. **내가 생각하는 캠핑의 매력** 해가 어스름하게 질 무렵 저녁을 준비하면서 화로에 불을 붙일 때의 기분, 비 오는 날 타프에서 떨어지는 빗소리를 들으며 아무것도 하지 않고 멍 때릴 때의 기분을 느끼고 나면 캠핑에서 헤어나올 수 없게 되요. 숨을 크게 들이쉬면 도시에 비해 약 20배 이상의 산소를 마실 수 있다는 점도 좋아요. 텔레비전 앞을 떠나서 가족과 함께 할 수 있으며 아빠의 주중 마이너스 점수를 한방에 만회할 수 있다는 점 또한 매력입니다. **초보 캠퍼에게 해주고 싶은 이야기** 캠핑에서 먹는 즐거움을 빼놓을 순 없지만 그것이 전부라고는 생각하지 않았으면 해요. 취사 금지 지역에서조차 찌개를 끓이고 고기를 굽는 분들이 종종 있더라구요. 먹고 마시는 것에만 급급하지 말고 조금 가볍게 먹더라도 명상하고, 책 읽고, 산행을 하는 등 캠핑을 가서 할 수 있는 여러 활동을 즐겼으면 합니다.

이름 이상길 **나이** 48세 **성별** 남 **캠핑 경력** 10년 **사용 텐트** 여름엔 MSR 허바허바 2P를 가을 겨울에는 Rei Arete AsI를 사용하고 있습니다. 주로 간소한 캠핑을 떠나는 편이라 휴대와 설치가 간단한 제품을 사용하고 있어요.

이름 성재희 **나이** 31세 **성별** 여
캠핑 경력 2년 **사용 텐트** 스노우피크 트레일트리퍼 2를 사용하고 있습니다. 전실이 넓고 침실이 좁은 형태라서 둘이서 자려면 누워서 꼼짝 않고 있어야 해요. 불편함을 참지 못해 역시나 스노우피크에서 나온 랜드브리즈로 갈아탔었는데 너무 휑하고, 춥고, 그 넓은 공간에서 어찌할 바를 모르겠더라구요. 그래서 다시 트레일트리퍼 2로 돌아왔습니다.

취미로 캠핑을 시작한 이유 주말 서울의 뻔한 레퍼토리는 스무 살 때나 즐겁잖아요? 슬슬 지겨워지는 시점, 캠핑, 트레킹, 몸 움직이는 레저는 모조리 '땡기는' 시점이 오더라구요. 5년 쯤 친한 선배가 침낭 하나 가지고 따라와보라고 해서 유명산 합숙소에서 첫 (21세기적) 캠핑을 경험했어요. 어릴 적 걸스카우트랍시고 총총거리고 돌아다닐 때 캠핑을 무지 좋아했었는데 그날의 캠핑으로 잊고 지내던 아웃도어 유전자를 재발견한거죠. 하지만 그 이후 함께 할 멤버를 구하지 못해 한동안 못하고 있다가 2년 쯤 캠핑을 좋아하는 친구를 만나 산으로 바다로 들로 본격적으로 다니기 시작했어요. 캠핑은 다른 취미보다 특히 함께하는 멤버가 중요한 것 같아요. **내가 생각하는 캠핑의 매력** 몸이 가벼워져요. 잠도 잘 오고, 밥도 많이 먹히고, 배변 능력 역시 탁월해진다는! 스스로 탐식가라고 할 만큼 먹는 걸 굉장히 좋아하는 편인데, 도시에선 욕심껏 먹었다가 속이 부글거린 적이 한두 번이 아니에요. 야외로 나가면 음식을 아무리 탐해도 희한하게 그런 일이 없더라구요. 게다가 바지런한 블로거들 덕분에 캠핑 레시피가 얼마나 넘쳐나는지. 캠핑은 탐식가에겐 그야말로 천상의 밥상같아요. **초보 캠퍼에게 해주고 싶은 이야기** 내 몸이 바깥 생활과 잘 맞는지 따져봐야 해요. 맑은 공기로 폐를 정화하고, 도시에선 경험하기 어려운 망중한을 즐길 수 있다고 아무리 꼬셔대도, 아기자기한 카페의 에어컨 공기가 좋고 빈티지숍을 뒤져가며 레어한 패션 아이템 고르는 쾌감이 큰 도시여자에겐 그게 별거 아닐 수 있거든요.

취미로 캠핑을 시작한 이유 고등학생 때부터 전문 암벽 등반을 하면서 자연스럽게 캠핑을 시작하게 되었습니다. 국내에는 오토캠핑이 주를 이루고 있는데 저는 미니멀 캠핑과 백패킹을 위주로 하고 있습니다. **내가 생각하는 캠핑의 매력** 캠핑은 언제든지 떠날 수 있는 계기가 되는 것 같아요. 매주 떠나는 것은 어렵지만 힘들고 지칠 때 캠핑을 한다는 이유로 떠날 수 있는 것이 좋은 활력소가 됩니다. **초보 캠퍼에게 해주고 싶은 이야기** 고가의 장비에 연연하지 말라는 이야기를 하고 싶어요. 캠핑 스타일에 따라 다르겠지만 저 같이 미니멀 캠핑을 즐기는 경우엔 고가의 장비가 오히려 캠핑을 힘들게 하거든요. 장비가 캠핑에서 중요한 비중을 차지하긴 하지만 전부가 아니라는 점을 알았으면 좋겠어요.

이름 정욱재 **나이** 40세 **성별** 남 **캠핑 경력** 5년 **사용 텐트** MSR 허바허바를 사용하고 있습니다. 가볍고 설치가 간단해 백패킹 시에도 사용할 수 있어서 좋아요.

Special Note 01 : 캠핑의 시야를 넓히자

캠핑에는 다양한 스타일과 테마가 존재한다. 최근 국내에서 큰 인기를 얻고 있는 오토캠핑도 캠핑 스타일 중 하나다. 국내 여건상 오토캠핑이 캠핑의 정석처럼 되었지만 이것이 전부라고 생각하지 않기를 바란다. 오토캠핑을 보며 캠핑은 무조건 돈이 많이 든다고 지레 겁먹지 말기를!

캠핑의 사전적 의미는 '텐트 등을 이용해 야외에서 행하는 야영, 노숙' 혹은 '동지끼리 하는 협동생활'이다. 하지만 이것은 단편적인 의미에 불과하다. 현대의 캠핑은 좀 더 넓은 의미로 확대되었다. 이를테면 협동생활 없이 솔로캠핑을 즐길 수 있으며, 어렵게 자연을 찾아 먼 곳으로 떠나지 않고 도심에서 캠핑을 만끽할 수도 있다.

이제껏 알고 있던 캠핑에 대한 고정관념을 버리고 조금만 눈을 돌리면 다양한 캠핑 스타일과 테마를 찾을 수 있다. 해외 매체를 참고하거나 직접 캠핑을 하면서 나에게 최적화된 캠핑을 발견하고 시작할 수도 있다.

캠핑은 정해진 룰이 없다. 중요한 것은 열린 마음을 갖는 것이다.

CAMPING STYLE

캠핑 스타일로 결정하기

캠핑은 장비를 사는 것에서 시작된다고 생각하는 캠퍼가 많을 것이다. 하지만 장비 구입보다 먼저 이루어져야 할 것은 나에게 맞는 캠핑 스타일을 찾는 것이다. 캠핑은 정형화된 룰이 없지만, 다양한 스타일은 존재한다. 나의 성향과 주변 상황을 고려하여 자주 하는 캠핑 스타일을 정하면 장비 구입이 수월해진다. 그렇게 캠핑에 입문한 다음 점점 경험을 쌓으며 다양한 스타일의 캠핑을 섭렵하고, 장비 또한 늘려가는 것이 좋다.

Walking Camping 워킹캠핑

캠핑에 입문하는 초보 캠퍼, 아직 차가 없는 젊은 연인에게 추천

🌿 워킹캠핑이란

피크닉에 근접한 캠핑을 즐기는 캠퍼가 워킹캠핑족에 속한다. 반드시 야영을 해야 캠핑이라는 고정관념을 버리면 최소한의 장비인 돗자리와 도시락만 가지고도 충분히 캠핑을 즐길 수 있다. 어느 노랫말 가사처럼 김밥은 천국에 맡겨두고, 대중교통을 이용해 갈 수 있는 장소로 부담 없이 떠나보자. 날씨가 너무 좋아 집에만 있기는 아쉬운 어느 날, 매번 가던 번화가가 아닌 가까운 한강변으로 캠핑을 떠나보는 것은 어떨까?

🌿 워킹캠핑 장비

보통 대중교통을 이용해 이동하므로 최대한 간단하게 짐을 꾸린다. 캠핑 느낌을 내고 싶다면 방수 기능은 물론이요, 아름다운 패턴이 그려져 있는 그라운드시트를 준비해보자. 좀 더 욕심이 난다면 가벼운 그늘막 텐트와 의자 등을 준비하는 것도 좋다.

🌿 워킹캠핑 장소

언제든지 가볍게 떠날 수 있는 워킹캠핑족에게는 동네에 있는 근린공원이나 집 근처의 산처럼 도심에서 가까우면서 적당히 자연을 느낄 수 있는 곳이 좋다. 단, 피크닉이 가능한 장소인지 야영을 할 수 있는 곳인지 먼저 확인해 보아야 한다.

🌿 워킹캠핑 스타일

평소 스타일대로 편하게 입는다. 아웃도어 분위기를 내고 싶다면 카라비너나 양말 등으로 일상복에 스타일을 더할 수 있다. 카라비너를 이용해 물통이나 열쇠 등을 가방에 연결해보자. 독특한 컬러의 아웃도어 양말은 밋밋한 패션에 포인트를 주어 평상시 아이템으로도 활용 가능하다.

Hello!

따가운 햇빛으로부터 얼굴을 보호해줄 모자

사이즈가 넉넉한 가방 물통을 넣을 수 있는 주머니가 있다면 금상첨화

물통, 열쇠 등을 연결할 수 있는 카라비너

발목에 포인트를 줄 수 있는 화려한 컬러의 양말과 트레킹 슈즈

Recommend

콜맨 스크린셰이드
빠르고 간단하게 설치할 수 있다.

콜맨 레저시트 쁘띠
지면의 냉기와 습기를 차단한다.

콜맨 런치쿨러 5L
보온, 보냉은 기본, 화사한 컬러로 캠핑의 분위기를 살린다.

콜맨 머그메이트
음료를 더욱 시원하고 따뜻하게 보관해준다.

한강시민공원

서울 도심 한복판을 가로지르는 한강시민공원은 당일치기 캠핑을 즐기기에 최적의 장소다. 한강변을 따라 가지런히 정리된 잔디밭에서 자유로운 피크닉이 가능하다. 다만 취사가 불가능하므로 음식은 조리가 완료된 것을 따로 준비해가야 한다. 주변 편의점을 이용하거나 배달음식으로도 어렵지 않게 식사를 해결할 수 있다.

Backpacking Camping 백패킹캠핑

튼튼한 두 다리와 넘치는 도전의식을 갖고 있는 캠퍼에게 추천

🍃 백패킹캠핑이란

유럽여행을 가면 흔히 볼 수 있는 배낭여행족을 상상하면 된다. 자신의 몸보다 큰 배낭을 짊어지고 있으며 그 배낭 속에는 캠핑에 필요한 온갖 장비가 들어있다. 체력이 따라준다면 차로 갈 수 없는 깊은 산속으로 들어가 캠핑을 할 수 있다. 때때로 가족과 친구도 잊고 대자연 속에서 혼자만의 시간을 갖고 싶거나 아무도 가보지 못한 곳에 대한 도전의식이 생긴다면 백패킹캠핑을 떠나보자.

🍃 백패킹캠핑 장비

최소한으로 짐을 꾸려야 하므로 기능성을 강조한 장비 위주로 선택한다. 어깨 패드와 등 쿠션이 탄탄하며, 부피가 커서 안으로 넣을 수 없는 침낭이나 매트 등을 연결할 수 있는 배낭이 좋다.

🌿 백패킹캠핑 장소

자연을 깊이 느끼고 호흡할 수 있는 산으로 떠난다. 집에서 캠핑장까지 걸어서 이동하는 것이 가장 이상적이지만 사실상 쉽지 않다. 대중교통으로 캠핑장 근처까지 이동한 다음 도보로 움직일 것을 권한다.

🌿 백패킹캠핑 스타일

오랫동안 무거운 짐을 짊어지고 걸어야 하므로 간편한 복장과 편한 신발이 필수다. 배낭은 어깨에 패드가 들어있어서 장시간 메고 있어도 무리가 가지 않는 것을 고른다. 자잘한 짐을 가방에 치렁치렁 매달아 놓으면 이동 중 이곳저곳에 걸려 사고가 발생할 수 있으므로 가능한 모든 짐은 가방 안에 수납하도록 한다.

몸에 착 붙는 배낭

오랜 시간 걸어도 무리가 가지 않는 기능성 등산화

두꺼운 옷 한 벌을 입기보다는 얇은 옷을 겹겹이 레이어드

Recommend

클라터뮤젠 아바카 60L
몸의 최대 곡면적에 밀착하며 짐의 무게를 분산한다.

MSR 허바허바 V6
1,69kg의 경량 텐트로 두 명까지 이용할 수 있다.

스노우피크 기가파워스토브
접으면 주머니에 들어갈 정도로 콤팩트해진다.

얼라이트 맨티스체어
205g의 초경량이지만 110kg까지 지지할 수 있다.

축령산 자연휴양림

서울에서 차로 약 1시간 거리에 위치한 축령산 자연휴양림은 자연을 만끽할 수 있는 이상적인 장소다. 축령산에서부터 서리산으로 이어지는 다양한 등산로는 백패킹을 즐기기에 안성맞춤이다. 나무 데크로 이루어진 사이트가 마련되어 있는 등 캠핑을 위한 편의시설도 잘 갖춰져 있다.

ADD 경기도 남양주시 수동면 외방 2리 280
TEL 031-592-0681
이용요금 4,000원
WEB http://www.chukryong.net

Bike Camping 바이크캠핑

자전거나 오토바이로 여행을 즐기는 캠퍼에게 추천

🍃 바이크캠핑이란

자전거나 오토바이를 이용해 캠핑장까지 이동한다. 국내 도로교통법상 오토바이는 고속도로 주행을 할 수 없다는 제약이 따르지만 수도권 근교에 국도로 이동할 수 있는 캠핑장이 늘어나며 바이크캠핑족도 증가하고 있다. 오토바이나 자전거에 실을 수 있는 짐의 용량이 제한적이므로 미니멀하고 가벼운 장비 위주로 사용한다. 바람을 맞으며 한적한 국도를 달리는 여유로움은 바이크족만이 느낄 수 있는 매력이다.

🍃 바이크캠핑 장비

백패킹캠핑보다 많고 오토캠핑보다 적다. 등에 맨 커다란 배낭과 오토바이가 장비를 실을 수 있는 공간의 전부다. 따라서 되도록 작고 가벼운 장비로 구성하도록 한다.

Part 1 >> types of camping

바이크캠핑 장소

고속도로를 이용할 수 없으므로 국도로 이동이 가능한 장소를 선택해야 한다. 출발 전 반드시 지도나 네비게이션을 통해 확실한 이동경로와 목적지를 확인한다.

바이크캠핑 스타일

장시간 운전 시 자외선에 피부가 손상될 수 있으므로 긴팔을 착용하며 체온 유지를 위해 두툼한 옷을 입는다. 햇빛이 강한 날에는 선글라스를 착용한다. 밖으로 노출되는 액세서리는 이동 중 어딘가에 걸리면 큰 사고로 이어질 수 있으므로 자제한다.

라이딩 시 안전을 지켜줄 헬멧

강한 햇빛으로부터 시야를 확보해줄 선글라스

자외선 차단과 체온 유지에 효과적인 팔토시와 레깅스

Recommend

스노우피크 트레일트리퍼 2
바이크캠핑을 하는 캠퍼를 위해 개발된 텐트다.

로고스 와이드 로우체어
책상다리로 착석이 가능하며 수납이 간편하다.

MSR 리액터
연료 효율이 높아 빠른 시간 안에 물을 끓일 수 있다.

스노우라인 센스화로대 (싱글)
콤팩트하게 접힌다.

유명산 자연휴양림
서울에서 60km가량 떨어진 곳에 위치한 국립자연휴양림으로 수려한 경관을 자랑한다. 무료 숲해설과 자연학습체험교육 프로그램을 실시하고 있으며 주변에 관광지가 많아 볼거리가 풍성하다.
ADD 경기도 가평군 설악면 유명산길 79-53
TEL 031-589-5487
이용요금 입장료 성인 1,000원
　　　　　나무테크(9㎡ 미만) 4,000원
WEB http://www.huyang.go.kr

Auto Camping 오토캠핑
가족, 친구과 함께하는 활기찬 캠핑을 좋아하는 캠퍼에게 추천

🍃 오토캠핑이란

국내에서 가장 인기가 많은 캠핑 스타일이다. 자동차를 이용해 이동하므로 인원수, 장비 규모, 캠핑장 위치에 대한 제약이 비교적 적은 편이다. 장비가 대체로 크고 무겁지만 그만큼 튼튼하고 견고해서 쾌적하게 사용할 수 있다. 또한 전기를 이용해 보다 편리한 캠핑을 즐길 수 있다.

🍃 오토캠핑 장비

다른 캠핑에 비해 짐의 크기나 무게의 제약에서 자유로운 편이다. 하지만 마음 놓고 있다가는 챙겨놓은 짐을 모두 싣기도 전에 트렁크가 꽉 찰 수 있다. 따라서 오토캠핑 장비는 얼마나 가볍고 콤팩트하게 수납할 수 있는지가 주요 포인트다.

🌿 오토캠핑 장소

자동차를 이용하므로 이동이 용이하다. 평상시에 쉽게 접할 수 없는 아름다운 자연을 만끽할 수 있으며 오고 가는 길의 교통체증을 피할 수 있는 곳이 최고의 오토캠핑 장소다.

🌿 오토캠핑 스타일

힘들게 짐을 지고 다닐 필요도 오토바이를 타고 날아오는 바람을 맞을 필요도 없다. 오토캠핑은 평소 꿈꿔왔던 아웃도어 스타일을 마음껏 뽐낼 수 있는 좋은 기회. 햇빛을 막아줄 챙모자, 활동성을 위한 반바지, 체온을 유지시켜줄 레깅스까지. 혹시 물에 들어갈지도 모르니 여분의 옷과 샌들을 챙긴다면 완벽하다.

일명 '인디아나 존스 모자'로 불리는 챙모자

귀중품을 지니고 다닐 수 있는 작은 가방

밤에 이동할 경우 시야를 확보해줄 헤드랜턴

활동성과 보온을 위한 레깅스

Recommend

콜맨 와이드스크린하우스 2
온 가족이 사용할 수 있는 넓은 내부 공간이 특징이다.

코베아 슬림 4폴딩 BBQ테이블
조리와 식사를 동시에 할 수 있다.

콜맨 슬림데크체어
편안한 착석감을 자랑한다.

콜맨 파이어 스파이더
바비큐와 더치오븐 요리를 모두 즐길 수 있다

백로주 유원지
넓은 잔디밭과 나무 그늘, 낚시터까지 모두 갖추고 있는 백로주 유원지는 한곳에서 모든 것을 해결할 수 있는 최적의 오토캠핑 장소이다.

ADD 경기도 포천시 영중면 금주리 694-1
TEL 031-532-1001,6600 / 010-8633-6604
이용요금 25,000원
WEB http://www.bagroju.co.kr

Caravan Camping 캐러밴캠핑

쾌적한 공간과 아름다운 자연, 두 마리 토끼를 잡고 싶은 캠퍼에게 추천

🌱 캐러밴캠핑이란

캐러밴은 모빌홈, 즉 이동식 주택을 말한다. 캠핑카의 로망을 꿈꾸는 이가 있다면 그 꿈을 가장 빠르고 근접하게 이룰 수 있는 방법이 바로 캐러밴캠핑이다. 이미 설치가 완료된 캐러밴을 갖추고 있는 캠핑장이 점점 늘어나고 있어 쉽게 이용이 가능하다. 쾌적한 공간 안에서 캠핑의 기분을 십분 느낄 수 있어 여성 캠퍼에게 인기다.

🌱 캐러밴캠핑 장비

보통 캐러밴 안에 모든 시설이 갖추어져 있지만, 간혹 그렇지 않은 곳도 있다. 자신이 예약한 캐러밴의 장비 구성을 미리 파악해둔다. 공용 장비를 사용하는 것에 민감한 사람이라면 식기나 침구 등을 따로 챙긴다. DVD를 보거나 게임기를 연결할 수 있는 영상기기가 설치되어 있으므로 오락거리를 챙겨간다면 더욱 즐거운 시간을 보낼 수 있을 것이다.

🌿 캐러밴캠핑 장소

캐러밴을 보유하고 있는 캠핑장에 가야 하므로 장소 선택에 제한이 있지만 캐러밴캠핑장 대부분이 강가나 바닷가에 위치해 멋진 풍광을 만끽할 수 있다. 쾌적한 캠핑을 위해 캐러밴을 선택했다면 잘 살펴보아 최신식 캐러밴을 보유한 곳으로 가도록 하자.

🌿 캐러밴캠핑 스타일

캐러밴캠핑은 정해진 스타일이 없다. 쾌적한 환경에서 여유롭게 자연을 즐기는 캠핑답게 각자의 스타일대로 편하게 입는다. 다른 캠핑을 할 때는 신기 어려운 로퍼나 플립플랍을 시도해보는 것도 좋다.

보타이처럼 멋을 낼 수 있는 반다나

활동이 편한 로퍼

햇빛을 가려주는 시원한 메쉬캡

Recommend

올루카이 라나이
리조트 슈즈 느낌의 고급스러운 로퍼다.

인하비턴트 메쉬캡
후면이 메쉬로 되어있어 시원하다.

땅끝 오토캠핑 리조트
해남 땅끝마을에 위치한 리조트로 잘 보존된 자연과 시원한 풍광을 자랑한다. 이용 요금은 평일 비수기 4만원부터이며 성수기 주말에도 10만원 내외다. 서울 근교의 비싼 캐러밴 요금을 생각한다면 기름값까지 고려해도 충분히 매력적이다.

ADD 전남 해남군 송지면 땅끝마을길 38-5
TEL 061-534-0830
이용요금 비수기 평일 4만원, 주말, 공휴일 5만원,
　　　　　성수기 평일 8만원, 성수기 주말, 공휴일 10만원
WEB http://autocamp.haenam.go.kr

콜맨 컴포트컨트롤
온도 조절이 가능한 침낭이다.

하바행크 반다나
비비드한 컬러로 스타일리시함을 살릴 수 있다.

CAMPING THEME

캠핑 테마로 결정하기

캠핑은 그 자체만으로 즐거운 야외활동이지만 별도의 활동을 함께 즐기기에도 더없이 좋다. 캠핑장 근처의 지리적 특성에 따라 다양한 활동이 가능하며 이는 장소 선택의 중요한 기준이 되기도 한다. 예를 들어 바닷가 근처에서 캠핑을 한다면 낚시나 서핑을 즐길 수 있다. 산속에서 캠핑을 한다면 가볍게 등산을 하거나 마니악한 암벽 클라이밍에 도전해 볼 수도 있다. 새로운 것에 도전하고 즐거움을 찾는 것은 테마 캠핑의 묘미다.

Festival Camping 페스티벌캠핑

누구보다 '핫'한 캠핑을 즐기고 싶은 캠퍼에게 추천

🍃 페스티벌캠핑이란

주로 여름에 야외에서 열리는 음악 페스티벌을 즐기며 캠핑을 한다. 대부분 도심에서 약간 떨어진 수도권 지역에서 2~3일간 페스티벌이 열리므로 반드시 숙박을 해야 하는데 이를 캠핑을 통해 해결한다. 음악 페스티벌 초기에는 숙박비를 아끼기 위해 캠핑을 하는 분위기였으나 캠핑의 인기가 점점 높아지며 현재는 캠핑과 페스티벌을 비등한 비중으로 즐기고 있다. 독특한 개성을 지닌 사람들을 한자리에서 볼 수 있는 음악 페스티벌답게 다양한 스타일의 캠핑족을 엿볼 수 있어 눈이 즐겁다.

🍃 페스티벌캠핑 프로그램

록음악 페스티벌이 대부분으로 여름밤 스트레스를 시원하게 날려버리기에 안성맞춤이다. 최근에는 음악 페스티벌과 캠핑을 함께 즐기는 것이 하나의 트렌드로 자리 잡으면서 콘셉트 자체를 캠핑으로 하는 음악 페스티벌도 생겨났다.

Recommend

지산 밸리 록 페스티벌
지산 포레스트 리조트 안에서 열리는 록 페스티벌로 국내는 물론 해외 유명 뮤지션의 공연을 한번에 즐길 수 있다. 사전 예약을 통해 페스티벌 기간 내에 캠핑존에서 캠핑을 즐길 수 있다.
WEB
http://www.valleyrockfestival.com

펜타포트 록 페스티벌
국내외 유명 뮤지션이 함께하는 록 페스티벌로 인천에서 열리고 있다. 회장 내에 캠핑존이 설치되어 밤새도록 록 음악과 캠핑을 즐길 수 있다.
WEB
http://www.pentaportrock.com

레인보우 페스티벌
춘천 남이섬에서 열리는 페스티벌로 음악과 캠핑을 콘셉트로 하고 있다. 남이섬은 캠핑이 금지되어 있지만 레인보우 페스티벌 기간에는 한정적으로 캠핑이 허락된다. 하드한 록 음악보다는 남이섬의 자연과 어울리는 서정적인 음악을 중심으로 한 공연이 펼쳐진다.
WEB
http://www.rainbowfestival.co.kr

Climbing Camping 등산캠핑

활동적인 야외활동과 모험을 즐기는 캠퍼에게 추천

🍃 등산캠핑이란

1990년 이후 자연보호와 산불예방 등의 이유로 전국의 산에 취사 및 야영 금지 조치가 내려지면서 등산캠핑은 한동안 그림의 떡이었다. 그러던 것이 최근 캠핑 인구의 증가로 일부 국립공원에서 자연휴양림을 캠핑용으로 개방하면서 다시 합법적으로 즐길 수 있게 되었다. 모든 캠핑이 마찬가지만 등산캠핑을 할 때는 특히 불조심을 해야 하며 자연을 훼손시키지 않도록 주의해야 한다.

🍃 등산캠핑 프로그램

등산은 누구나 쉽게 할 수 있지만 제대로 된 지식이 없다면 만에 하나 발생할 수 있는 안전사고에 적절하게 대처하기가 어렵다. 특히 산에서 캠핑을 하는 경우 기본적으로 숙지해야 하는 사항이 더 많아진다. 등산학교를 통해 기본적인 등산 이론은 물론 전문가 수준의 교육까지 수료한다면 더욱 안전하고 즐거운 캠핑을 즐길 수 있다.

> **Recommend**
> **서울 등산학교**
> 등산 기초부터 고급 과정에 이르기까지 실전 교육을 통해 등산에 대한 성취감과 자신감을 심어준다. 체계적인 교육 과정이 인상적이다.
> **WEB** http://cafe.daum.net/scssss

CAMPER SAYS :
좀 더 스릴 넘치는 모험을 즐기고 싶다면 암벽등반에 도전해 보자. 등산학교에서 체계적인 안전교육을 받으면 누구나 할 수 있다. 짜릿한 암벽등반 후에 맛보는 고요한 휴식은 잊지 못할 추억이 될 것이다.

Fishing Camping 낚시캠핑

낚시 마니아 아빠를 둔 가족단위 캠퍼에게 추천

🍃 낚시캠핑이란

국내에서 가장 대중적으로 이루어지고 있는 테마 캠핑이다. 낚시꾼에게 야영은 생활이라고 할 수 있을 정도로 밀접한 관계가 있다. 깊은 밤 옆자리에 앉은 일행과 대어의 꿈을 나누며 코펠에 끓여 먹는 라면의 맛을 잊을 수 없을 것이다.

🍃 낚시캠핑 프로그램

낚시캠핑은 특별한 프로그램이 없다. 낚시꾼이 낚싯대를 드리운 장소가 포인트가 되며, 텐트를 친 곳이 캠핑장이 된다. 낚시를 할 수 있는 장소는 대부분 캠핑이 가능하며, 가끔 낚시가 가능한 캠핑장도 있다. 낚시캠핑을 떠나기 전 특별히 법적으로 취사나 야영이 금지된 곳이 아닌지를 먼저 확인하자.

> **Recommend**
>
> **금광 저수지**
>
> 경기도 안성에 위치한 금광 저수지는 민물고기인 배스의 포인트로 유명하다. 저수지를 둘러싼 물가에서 캠핑이 가능한 것은 물론 배를 타고 이동할 수 있어 좀 더 깊은 자연 속에서 낚시와 캠핑을 즐길 수 있다.
>
> **ADD** 경기도 안성시 금광면 오흥리

Part 1 >> types of camping

Surfing Camping 서핑캠핑

새로운 스포츠에 대한 호기심이 남다른 캠퍼에게 추천

서핑캠핑이란

국내에서 서핑을 즐기는 인구가 늘어나고 있다. 파도를 가르며 멋지게 서프보드를 타는 모습은 더 이상 남의 나라 이야기가 아니다. 밤바다를 배경으로 잠이 들었다가 아침에 그림같이 밀려오는 파도를 만끽하며 바다로 뛰어들 수 있는 것은 오직 서핑캠핑을 즐기는 사람만이 누릴 수 있는 특권이다.

서핑캠핑 프로그램

서핑을 배우려는 사람이 많아지면서 서핑숍도 함께 생겨나고 있다. 강원도 양양에 서핑숍이 밀집해 있는데 대부분 해수욕장의 상권 보호를 위해 해변에서 야영을 금지하고 있다. 야영이 허락된 몇몇 해수욕장 중 기사문 해수욕장은 바로 뒤에 서핑숍이 마주하고 있어 서핑캠핑을 즐기기에 최적의 장소다.

Recommend

Surfers
강원도 양양 기사문 해수욕장에 위치한 서핑숍. 국내 서핑계에서 톱 클래스로 꼽히는 실력을 가진 오원택, 고성용 서퍼가 운영하고 있다. 서프 보드를 빌리는 것은 물론 교육을 받는 것도 가능하다.
WEB http://www.surfers.co.kr

Fun Surf
캠핑트레일러 에어스트림을 개조한 서핑숍으로 종합해양레저 리조트인 '38 마린 리조트' 내에 위치하고 있다. 서프 보드를 빌리고 교육을 받을 수 있으며 스킨스쿠버 교육도 받을 수 있다.
WEB http://cafe.naver.com/surfx

Snowboarding Camping 스노우보딩캠핑

Part 1 >> types of camping

스노우보드를 타기 위해 겨울만 손꼽아 기다리는 캠퍼에게 추천

🌿 스노우보딩캠핑이란

동계 스포츠의 꽃인 스노우보드와 함께하는 캠핑은 잊을 수 없는 추억을 선사한다. 산 속에 위치한 스키장 근처에는 시설 좋은 캠핑장이 즐비하다. 스노우보딩을 마치고 콘도 안으로 들어가 멍하니 텔레비전을 보며 밤시간을 보내기보다는 자연 속에서 겨울 캠핑을 즐기는 낭만을 만끽해 보기를 권한다.

🌿 스노우보딩캠핑 프로그램

스노우보딩과 캠핑을 함께 진행하는 프로그램은 따로 없다. 인근에 캠핑장이 있는 스키장을 찾아 낮에는 스노우보드를 타고 밤에는 캠핑을 즐기면 된다. 스키장 주차장은 대부분 무료이므로 여건이 된다면 캐러밴을 이용하는 것도 좋은 방법이다.

Recommend

초동골

성우리조트와 차로 5분 거리에 있는 초동골은 폐교를 개조하여 캠핑장으로 운영하고 있는 곳이다. 운동장에서 캠핑을 즐길 수 있으며 학교 내부 또한 숙박시설로 이용하고 있다. 스노우보딩을 마치고 가까운 시내에서 장을 봐서 들어오거나 식사를 마치고 캠핑을 즐기기에 좋은 장소다.

ADD 강원도 횡성군 둔내면 조항 1리 566　**TEL** 033-343-0683
WEB http://www.chodonggol.co.kr

Camping Episode
도심 속 작은 힐링
옥상캠핑

나와 비슷한 즈음에 결혼한 지인이 있다. 그 지인은 전원주택과 빌라를 합쳐놓은 듯한 집에서 살게 되었는데 집 앞에 캠핑을 즐길만한 작은 공간이 마련되어 있다며 날 초대해 주었다. 사실 나도 결혼을 하면서 지금 살고 있는 아파트에 입주하기 전 잠시 단독주택을 고민했었다. 자잘한 부분은 스스로 고치고 만들어가며 때때로 정원에서 옥상에서 캠핑을 할 수 있는 단독주택, 그야말로 꿈의 집이다. 결국 고민의 시간이 모자라서 아파트에 입주해 버리고 말았지만 '그럼 다음 번 집이야 말로 단독주택이 어떨까?' 하는 고민을 여전히 하고 있다.

예전에는 자연과 야생을 즐기는 것만이 캠핑이었지만 최근에는 문명의 이기를 버리지 않고 활용하며 즐기기도 한다. 오히려 그것이 캠핑의 감동을 배가시켜주는 경우도 있다. 시간이 지날수록 캠퍼와 함께 캠핑의 방식도 변화하고 있는 것이다.

한적함은 자연 속에서만 느끼는 것이 아니다. 건물들 사이 작은 땅덩어리에서 캠핑을 통해 여유를 느끼는 것을 보면서 힐링을 위해 우리에게 필요한 것은 무언가 큰 것이 아니라는 생각이 들었다. 편히 앉을 수 있는 작은 공간, 맛있는 요리, 좋은 음악, 그리고 내 곁에 있는 소중한 사람들. 지인에게 초대받은 그날의 캠핑은 나에게 충분한 힐링의 조건이었다.

Special Note 02 : 알찬 캠핑 정보 여기 다 모여있다

실전 캠핑 정보부터 아웃도어 패션 팁까지, 모르면 나만 손해인 알짜배기 정보를 얻을 수 있다. 캠핑을 떠나기 전 살짝 들춰보기만 해도 많은 도움이 될 것이다.

MAGAZINE 잡지

1

2

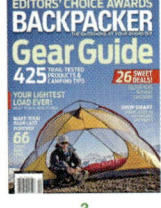
3

4

5

1. **오토캠핑** Auto Camping http://autocamping.co.kr 2006년 창간되어 국내 오토캠핑 잡지로는 가장 오래된 역사를 자랑한다. 잡지뿐만 아니라 오토캠핑 정보 포털사이트와 온오프라인 쇼핑몰을 운영하고 있으며, 매주 진행되는 '릴레이 캠핑'을 통해 독자와 정보를 나누며 국내 오토캠핑 문화를 이끌어가고 있다. 2. **캠핑타임즈** Camping Times http://www.campingtimes.co.kr 2011년에 창간된 캠핑 신문이다. 전국 180여 곳의 제휴 캠핑장에서 무료로 받아볼 수 있어 독자들에게 큰 호응을 얻고 있다. 최근 스마트폰 어플리케이션을 출시하여 좀 더 편리하게 기사를 확인할 수 있다. 3. **백패커** Backpacker http://www.backpacker.com 미국에서 발행되는 아웃도어 전문 잡지로 국내외를 막론하고 백패커의 바이블로 일컬어지고 있다. 수준 높은 사진과 신뢰성 있는 기사로 백패커의 에디터스 초이스 Editor's Choice에 선정된 장비는 전세계적으로 인기를 얻는 경우가 많다. 4. **고아웃** Go Out http://www.gooutkorea.com http://www.goout.jp 일본 아웃도어 스타일 매거진. 스트리트 패션과 접목한 다양한 아웃도어 패션 스타일을 소개하며 젊은 마니아들의 감성을 자극하고 있다. 최근 국내에서도 라이선스지가 발간되었다. 5. **란도네** ランドネ http://blog.sideriver.com/randonnee 란도네 randonnée는 프랑스어로 긴 나들이 또는 오래 걷는 산책을 뜻하는 여성 명사다. 기존 아웃도어 관련 잡지가 거칠고 남성다운 부분을 강조하고 있는 반면 란도네는 운동이나 야외활동에 관심이 없는 보통 여성도 아웃도어 패션의 매력에 빠져들 수 있도록 아기자기하고 여성스러운 스타일을 제시한다.

INTERNET CAFE 인터넷 카페

1

2

3

1. 캠핑퍼스트 Camping First http://cafe.naver.com/campingfirst 국내 최대 규모의 캠핑 사이트. 캠핑퍼스트는 초보 캠핑을 의미하며 줄여서 '초캠'이라는 이름으로도 유명하다. 캠핑 장르를 가리지 않고 초보 캠퍼를 위한 정보를 소개하고 있으며 많은 회원이 다양한 정보를 공유하고 있다. 초캠장터라는 중고거래 카페를 운영하고 있으며 자체 제작 상품을 판매하기도 한다. **2. 캠핑&바비큐** Camping&BBQ http://cafe.naver.com/campingnbbq 줄여서 '캠바'라 부른다. 얼핏 캠핑요리에만 초점을 맞춘 커뮤니티로 오해할 수 있지만 캠핑 전반에 걸친 다양한 정보를 얻을 수 있다. 지역방, 장터 등의 커뮤니티도 활성화되어있다. **3. 캠핑지도** http://www.campingjido.com 빼곡한 캠핑장 정보에 놀라게 되는 사이트. 회원들이 캠핑장을 등록하고 실시간으로 리뷰나 후기 등을 공유하는 SNS 커뮤니티 사이트다. 위성 사진으로 캠핑장을 파악할 수 있으며 스마트폰 어플리케이션과 연동해 유용하게 사용할 수 있다.

APPLICATION 스마트폰 어플리케이션

1

2

3

4

1. 마이캠핑 My Camping 코베아에서 만든 종합 아웃도어 정보 어플. 국내 캠핑장 정보와 요리, 코베아 제품 설명은 물론 GPS를 이용한 트래킹 기능까지 포함하고 있어 백패킹시 이동경로를 확인하고 기록할 수 있다. **2. 와글와글 캠핑스토리** 국내 캠핑장 정보를 얻을 수 있는 최고의 어플이다. 최근 시즌 2가 나오며 중고장터와 내 주변 친구 찾기 등의 기능을 추가하였다. 댓글로 이용후기를 남기고 공유할 수 있어 활용도가 높다. **3. 노츠가이드** Knots Guide 상세한 사진과 그림으로 로프 묶는 법을 알려주어 유용하게 사용할 수 있다. **4. 마이백팩** My Backpack 어디에 어떤 짐을 넣을 것인지 어플 속 배낭에 미리 시행해 볼 수 있으며 후에 짐을 찾을 때 용이하게 사용할 수 있다.

GEAR BASIC GUIDE

캠핑 장비 베이직 가이드

야외에서 식사와 숙박을 해결하는 캠핑은 장비가 중요한 비중을 차지한다. 집은 텐트가, 가스레인지는 버너와 스토브가, 침대는 얇은 매트가 대신하는 등 캠퍼가 야영을 하는데 필요한 최소한의 장비로 구성되어 있다. 언뜻 생각하면 간단하지만 막상 캠핑을 떠나면 큰 장비 외에도 자잘하게 필요한 장비가 꽤 많다. 비를 피해 몸을 누일 곳만 있으면 그만이라고 생각할 수도 있지만 때와 장소에 따라 반드시 필요한 장비도 있다. 과연 무엇이 필요한 장비이고 그것들을 어떻게 선택해야 하는지에 대한 궁금증을 풀어보자.

Tent 텐트

텐트는 캠핑의 꽃이자 기본 장비다. 캠핑을 할 때 텐트는 곧 집이다. 비바람을 막아주고, 쉴 곳을 제공하는 것은 물론 대부분의 활동이 텐트를 중심으로 이루어진다. 집을 고를 때 꼼꼼하게 위치와 평수, 가격 등을 살펴보듯 텐트도 마찬가지다. 캠핑 스타일, 장소, 인원에 따라 각기 다른 텐트를 선택할 수 있다.

텐트의 구성

거실형 텐트를 기준으로 설명한다. 거실형 텐트는 이너텐트와 플라이, 폴대, 스트링과 팩으로 이루어져 있다. 폴대를 이용해 텐트를 설치하고 플라이를 덮은 후 스트링과 팩을 이용해 지면에 단단하게 고정한다. 다른 텐트도 이와 비슷하나 제조사와 모델 별로 차이점이 있을 수 있다.

터널 폴대가 통과하는 구멍으로 텐트와 연결되어 있다

스트링 고리 플라이를 바닥에 고정할 때 사용하는 끈인 스트링을 묶는 고리

플라이(플라이시트) 이너텐트 위에 씌우는 덮개

벨트 텐트와 폴대의 체결을 원활하게 하며 텐트를 더욱 팽팽하게 고정시키는 장치

폴대 텐트를 지탱하는 뼈대 부위

스커트 플라이를 연장한듯한 형태로 바깥으로부터 한기나 벌레가 유입되는 것을 막는다

이너텐트 방의 역할을 하는 메인 공간

팩 텐트가 바람에 흔들리지 않도록 고정하는 장치

Type 1 돔형 텐트

설치를 마치면 텐트 천장의 형태가 동그란 돔 모양이 된다. 대형 텐트를 제외하고는 보통 2개의 폴대를 'X'자로 교차하는 방식으로 간단하게 설치할 수 있어 초보 캠퍼에게 추천한다. 시중에 다양한 스타일이 나오고있어 선택의 폭이 넓다.

장점
- 다수의 캠퍼가 사용하고 있는 텐트 형태로 시중에 다양한 스타일의 제품이 나와 있어 선택의 폭이 넓다.
- 초보 캠퍼도 금방 익힐 수 있을 만큼 설치 방법이 간단하다.
- 다른 형태의 텐트에 비해 가격이 저렴하다.

단점
- 하나의 큰 공간을 사용하는 텐트로 분리된 공간을 가질 수 없다.
- 천장의 높이가 낮아서 여름철 더운 공기가 잘 빠져나가지 않는다.

구입 CHECK POINT!

돔형 텐트는 다른 텐트에 비해 천장의 높이가 낮아 내부의 공기가 쉽게 빠져나가지 못하므로 환기성을 잘 살펴봐야 한다. 특히 더운 여름철에는 텐트 안이 찜통이 될 수도 있다. 이를 해결하기 위해 측면에 메쉬로 된 창문을 설치하거나, 바람이 잘 통하도록 전후면 모두에 입구가 설치된 텐트도 있다.

Recommend

콜맨 웨더마스터 4S 돔 270
출입이 용이하도록 정면 출구의 측면에 D형 입구가 장착되어 있다.

Type 2 거실형 텐트

돔형 텐트가 방 하나만 덩그러니 있는 원룸이라면 거실형은 방과 거실이 있는 일반적인 집의 형태와 같다. 하나의 텐트 안에 독립된 두 공간이 있으며 안쪽 공간은 안방의 역할을, 바깥쪽 공간은 거실의 역할을 한다.

장점
- 국내 오토캠핑 마니아가 가장 많이 선택한 텐트 형태로 활용도가 검증되었다.
- 독립된 두 개의 공간을 활용하는 형태로 내부 공간을 효율적으로 사용할 수 있다.
- 대부분의 활동을 텐트 내부에서 할 수 있어 가족과 오붓한 시간을 보내기에 적합하다.

단점
- 대부분 대형 텐트로 장소가 협소한 곳에서는 설치가 어렵다.
- 다른 텐트에 비해 설치 방법이 복잡하며 번거롭다.
- 텐트의 크기와 무게에 걸맞게 가격이 비싼 편이다.

구입 CHECK POINT!

자신이 갖고있는 장비의 규모와 텐트의 크기를 비교, 고려해 본다. 거실형 텐트는 다방면으로 활용할 수 있는 넉넉한 내부 공간이 포인트다. 이너텐트를 제외한 거실 공간이 얼마나 되는지를 파악해보자.

Recommend
스노우피크 리빙쉘
거실형 텐트를 대표한다고 해도 과언이 아닐 정도로 표본이 된 모델이다.

CAMPER SAYS :
국내에서는 거실형 텐트를 투룸 Two Room 또는 리빙쉘 Living Shell 이라고 부른다. 투룸은 콜맨에서 나오는 거실형 텐트의 모델명이며, 리빙쉘은 스노우피크 텐트의 모델명이다. 이 모두를 통칭하는 거실형 혹은 전실형 텐트가 정확한 표현이다.

Type 3 팝업형 텐트

여름이면 쉽게 볼 수 있는 모기장 텐트를 상상하면 이해가 쉽다. 접혀있는 텐트를 펼치는 것으로 단 몇 초 만에 설치가 끝난다. 신속한 설치가 가능하기 때문에 체력과 시간 소모를 줄일 수 있다. 다만 설치가 간단한 만큼 내구성이 약하다는 단점이 있다. 국내에 주로 소개되는 팝업형 텐트로는 퀘차와 코베아 제품이 있다. 퀘차는 단 2초만에 설치가 끝난다고 하여 2초[2 Second] 텐트라 불리고, 코베아는 설치 방법이 놀랍다고 하여 와우[Wow] 텐트라 불린다.

장점
- 다른 텐트에 비해 가격이 저렴한 편이다.
- 쉽고 빠른 설치가 가능하므로 체력과 시간 소모를 줄일 수 있다.
- 설치 소음이 거의 없어 주변 캠퍼에게 방해가 되지 않는다.

단점
- 대부분 소형 텐트로 가족단위의 캠퍼가 메인 텐트로 사용하기에는 무리가 있다.
- 폴대의 두께가 얇고 내구성이 떨어진다.
- 텐트를 접었을 때 두께는 얇으나 전체적인 부피가 커서 오히려 효율적인 수납이 힘들 수도 있다.

구입 CHECK POINT!

텐트를 펼치기 전의 부피가 의외로 커서 이동 시 수납에 불편함을 느낄 수 있다. 설치가 완료된 모습만을 보고 판단하지 말고 설치 전 모습도 꼼꼼히 살펴본다.

Recommend
코베아 와우 메가 돔
비교적 사이즈가 크며 실내 공간과 거실 공간을 따로 갖추고 있다.

Type 4 캐빈형 텐트

8,90년대 국내 캠핑장에서 주로 볼 수 있었던 형태로 각진 지붕 모양이 인상적이다. 천장이 높아 내부에서도 쾌적한 활동이 가능하다. 종종 캠핑장에서 캠퍼의 연륜이 묻어나는 캐빈형 텐트를 발견하면 탄성이 나오는데 정작 주인은 최신형 텐트에 주눅이 들어있는 모습을 보게 되는 경우가 있다. 좋은 상태를 유지하며 오랫동안 사용한 텐트는 캠퍼의 자랑거리다. 레트로하고 개성 있는 캐빈형 텐트로 캠핑을 즐기는 캠퍼들이여 자신감을 갖자.

장점
- 천장이 높고 내부 공간이 넓어 활동이 편리하다.
- 최근 국내에서는 찾아보기 힘든 형태로 남들과 다른 독특한 스타일을 자랑할 수 있다.

단점
- 최근에는 다양한 제품이 나오지 않아 선택의 폭이 좁다.
- 국내에서 판매하고 있는 캐빈형 텐트 대부분이 비싼 편이다.
- 넓은 내부 공간과 비례하여 장비가 크고 무겁다.

구입 CHECK POINT!
텐트의 실측 높이를 확인한 다음 구입한다. 천장의 높이가 높은 편이지만 브랜드마다 제각각이므로 사용할 캠퍼의 신장과 실내 활동 범위를 고려한다.

Recommend
코베아 스마트 그랜드 캐빈
입구 전면을 열어서 타프와 같은 그늘막을 만들 수 있다.

Type 5 티피형 텐트

대평원의 몽골 텐트를 상상하면 이해가 쉽다. 최근 독특한 스타일의 캠핑을 즐기고자 하는 캠퍼에게 인기를 얻고 있다. 가운데에 높은 폴대를 하나 세우는 것으로 설치가 끝나므로 간편하고, 내부 공기 순환이 잘되어 화목 난로를 사용하기에 적합하다. 아직까진 국내에서 만날 수 있는 제품이 다양하지 못해서 선택의 폭이 좁고 고가인 점이 아쉽다.

장점
- 천장이 높고 내부 공간이 넓어서 편하게 활동할 수 있다.
- 국내에서 쉽게 보기 힘든 형태로 독특한 스타일을 자랑할 수 있다.
- 천장을 개폐할 수 있어서 내부에 화목 난로 설치가 가능하다.

단점
- 국내에서 판매되는 제품의 종류가 다양하지 않아서 선택의 폭이 좁다.
- 다른 종류의 텐트에 비해 가격이 비싼 편이다.
- 하나의 큰 폴대가 넓은 면적의 벽면을 지지해야 하므로 장비가 크고 무겁다.
- 텐트 한가운데에 폴대를 세워야 하므로 공간 활용에 어려움을 느낄 수 있다.

구입 CHECK POINT!
텐트 한가운데 폴대를 세우는 티피형 텐트는 필연적으로 '죽는 공간'이 생긴다. 각 텐트 별로 살펴보아 사용할 수 없는 공간 면적이 적은 제품을 선택한다.

Recommend
노르디스크 시욱스
일반적인 삼각형 모양이 아닌 곡선 형태의 디자인이 매력적이다.

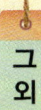

그 외

루프탑 텐트

텐트를 차에 싣고 내리는 것이 귀찮은 이에게는 루프탑 텐트를 추천한다. 차량 천장의 루프랙에 텐트를 설치해 항상 싣고 다니는 방식으로 매번 텐트를 싣고 내리는 일을 생략할 수 있어서 편리하다.

모빌홈

캠핑카, 캐러밴, 캠프트레일러 등을 통칭하는 모빌홈은 말 그대로 이동할 수 있는 집을 뜻한다. 최근 국내에서도 이와 같은 모빌홈의 보급이 늘어나고 있지만 아직까지는 높은 가격과 도로 사정으로 인해 일부 마니아의 소유에 그치고 있다. 일부 캠핑장에는 누구나 즐길 수 있도록 캐러밴이 상시 배치되어 있어 캐러밴캠핑을 할 수 있다.

차량연결 텐트

차량 내부를 텐트 내부 공간과 연결해 활용할 수 있는 텐트로 짐을 옮기는 시간을 대폭 줄일 수 있어 편리하다. 대부분 캠핑장에 들어서면 차를 사용할 일이 거의 없는데 이 텐트를 이용하면 차를 활용할 수 있다. 4WD차량을 이용해 오지로 캠핑을 떠나는 캠퍼에게 더할 나위 없이 적합한 방식의 텐트다.

Tarp 타프

방수포를 뜻하는 타폴린^{Tarpaulin}의 약자로 국내에서는 방수 처리된 그늘막을 타프라고 부른다. 텐트를 치기 전 바닥에 까는 장비를 방수포라고 하는데 실제 일부 캠퍼는 이 방수포를 타프로 활용하기도 하며, 겸용으로 나온 제품도 있다. 이와 같이 타프로 나온 제품이 아니더라도 비와 햇빛을 막을 수 있는 것은 모두 활용이 가능하다.

🌿 타프의 구성

일반적으로 타프, 폴대, 스트링, 팩으로 구성되어 있다. 백패킹캠핑시에 사용하는 소형 타프 중에는 무게와 크기를 줄이기 위해 폴대를 생략하고 등산용 스틱을 이용해 고정할 수 있는 제품도 있다.

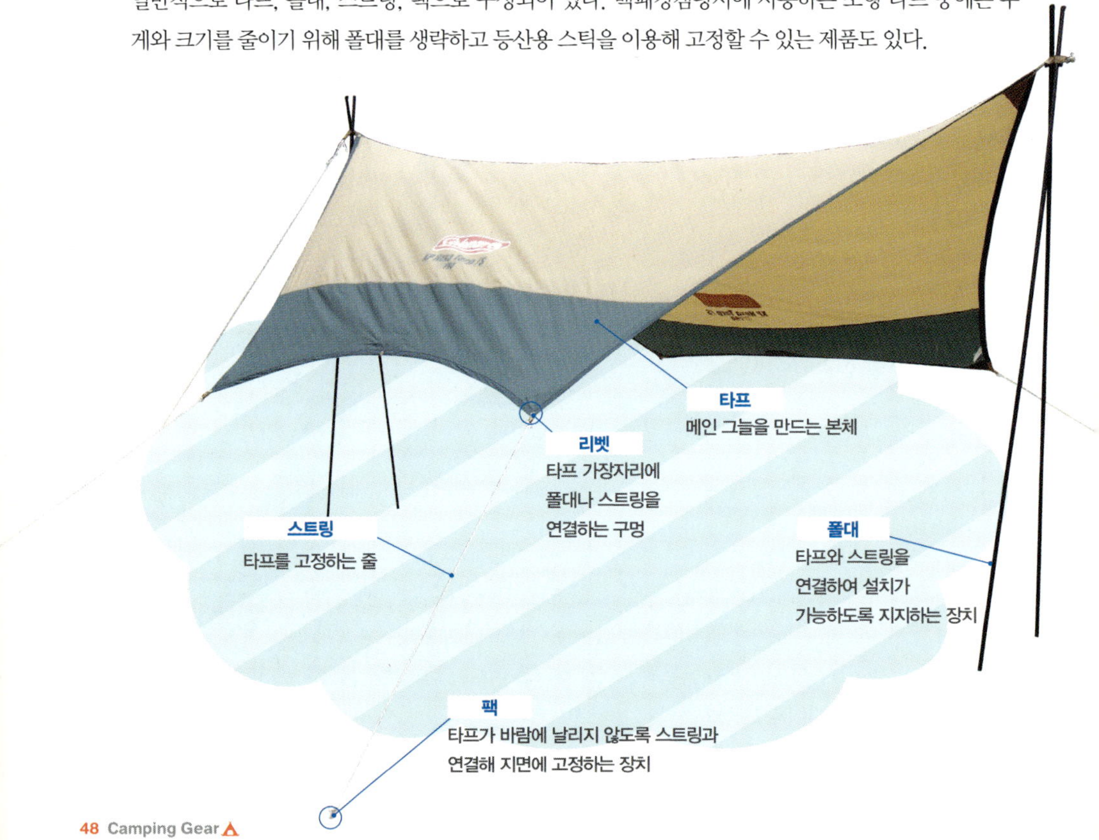

타프 : 메인 그늘을 만드는 본체

리벳 : 타프 가장자리에 폴대나 스트링을 연결하는 구멍

스트링 : 타프를 고정하는 줄

폴대 : 타프와 스트링을 연결하여 설치가 가능하도록 지지하는 장치

팩 : 타프가 바람에 날리지 않도록 스트링과 연결해 지면에 고정하는 장치

Type 1 헥사 타프

헥사(Hexa)는 라틴어로 숫자 6을 뜻한다. 천장이 육각형 모양인 타프로 육각 타프라고도 부르며 설치가 완료된 모양이 아름답다. 위아래가 똑같은 대칭형 모델과 비대칭형 모델이 있다. 지형과 바람의 방향 등을 고려해 폴대의 개수를 늘리거나 줄이면서 설치 방법을 변형할 수 있다. 렉타 타프에 비해 가벼우나 여유 공간이 좁고 출입이 불편하다는 단점이 있다.

Recommend
MSR 아웃피터윙
독특한 날개 디자인이 인상적이며 강한 바람에도 안정감이 있다.

Type 2 렉타 타프

렉타는 직사각형을 뜻하는 렉탱글(Rectangle)의 일본식 줄임말이다. 사각형 구조로 공간을 효율적으로 활용할 수 있으며 타프 스크린, 어닝, 사이드월 같은 보조장비와 결합해 사용할 수 있다. 최근 오토캠핑 마니아 사이에서는 텐트 없이 렉타 타프와 타프스크린만을 설치하는 방식이 인기다.

Recommend
콜맨 웨더마스터 스퀘어 타프 2
경량의 알루미늄 폴을 사용해 가볍고 튼튼하다.

구입 CHECK POINT!

자신이 갖고 있는 텐트의 사이즈와 디자인을 고려해서 선택한다. 텐트보다 타프의 사이즈가 큰 것이 일반적이다. 타프의 형태와 사이즈를 결정했다면 내수압과 자외선 차단 범위를 확인한다. 내수압은 비가 왔을 때 방수가 가능한 범위를 말하며 적정 내수압이 1500mm 이내다. 바람이 많이 불거나 비가 내리는 날 캠핑을 하는 경우 폴대가 부러지거나 팩이 뽑혀나갈 수 있으므로 내구성이 강한 제품을 구입한다. 보통 알루미늄이나 두랄루민 재질을 많이 사용한다.

타프 보조장비

타프는 개방성이 뛰어나 공간 활용도가 높지만 반면에 바람에 취약하며 프라이버시 보호가 힘들다. 따라서 이를 보완하기 위해 별도의 보조장비를 설치한다.

어닝, 사이드월

측면에서 불어오는 바람에 취약한 렉타 타프의 단점을 보완하기 위한 장비. 사이드월을 타프 측면에 별도로 설치해서 바람을 막고 프라이버시를 보호한다. 어닝은 타프의 그늘막을 연장시키는 장비지만 최근에는 사이드월과 경계가 모호한 겸용 제품의 출시가 늘어나고 있다.

스크린

타프의 측면은 물론 천장까지 보호해주는 장비로 국내에서는 그물망 창문이 달린 제품이 많아 모기장으로 불린다. 측면에서 불어오는 바람은 물론 해충의 유입을 막아주어 많은 캠퍼가 사용하고 있다.

프론트월

사이드월이 렉타 타프의 전유물이라면 프론트월은 헥사 타프의 특권과도 같다. 디자인적인 매력에 끌려 헥사 타프를 구입했다가 렉타 타프에 비해 현저하게 부족한 그늘에 실망하기 십상인데 이때 프론트월을 설치하면 보완이 가능하다. 성을 연상케 하는 우뚝 솟은 삼각뿔 형태의 프론트월은 햇빛과 바람을 효과적으로 막아준다.

Sleeping bag 침낭

쾌적한 잠자리를 원한다면 텐트와 타프만큼 중요한 것이 침낭이다. 침낭은 안에 솜이나 깃털 같은 보온 소재를 넣은 자루 형태의 이불로 그 사이에 들어가 잠을 청한다. 한여름에만 캠핑을 하더라도 밤에는 온도가 현격히 떨어질 수 있으므로 반드시 침낭이나 이를 대체할만한 보온용품을 준비해야 한다.

Type 1 머미형 침낭

고대 이집트의 미라를 연상케 한다고 해서 머미형이라고 부른다. 안으로 들어가면 얼굴을 제외한 신체의 모든 부분이 침낭에 싸인다. 머리를 감싸고 다리로 갈수록 폭이 줄어들어 목과 발 끝의 보온효과가 확실하다. 자신의 신체 사이즈를 고려해 몸에 잘 맞는 것을 고르도록 한다.

Recommend
콜맨 스쿨 머미 2
아이들용 침낭으로 사용이 간편하다.

Type 2 사각형 침낭

침낭을 펼치면 사각 모양이 된다. 한쪽 끝 혹은 양쪽 끝이 지퍼로 되어 있어 다른 침낭을 연결할 수 있는 모델도 있다. 머미형에 비해 빈 공간이 많이 생겨 보온성이 떨어지지만 펼쳐서 이불처럼 여럿이 함께 사용할 수 있다는 장점이 있다.

Recommend
이지캠프 코믹 사각침낭
밝고 펑키한 색상의 침낭으로 늦봄에서 초가을까지 사용이 가능하다.

구입 CHECK POINT!

침낭은 보통 봄에서 가을까지의 3계절용과 겨울을 포함한 4계절용으로 나뉘며 이에 따라 가격 차이가 크게 난다. 추운 겨울에 캠핑을 할 생각이 없다면 비교적 저렴한 3계절용을 구입한다. 침낭의 상표에 사용하기 적합한 온도가 표기되어 있으므로 이를 확인한다.

Fuel 연료

캠핑에서 연료는 중요한 요소다. 연료가 필요한 장비에는 랜턴과 스토브가 있는데 어떤 연료를 사용하는지를 먼저 정해야 선택할 수 있다. 연료를 선택할 때는 편리함과 안전성은 물론 캠핑장 주변 환경에 해를 끼치지 않는지를 고려하도록 하자.

Type 1 기체 연료

특정 용기에 액체 상태로 담겨 있으며 사용시 기화된다. 대부분 사용할수록 용기의 온도가 떨어져서 겨울에는 사용이 어렵다. 처음 캠핑을 시작한 초심자가 사용하기에 용이하다.

1. 부탄 가스
휴대용 버너에 사용하는 연료로 초보 캠퍼에게 적합하다. 어디서나 쉽게 구입할 수 있으며 가격이 저렴하지만 기체 연료 중 어는 점이 가장 높기 때문에 기온이 조금만 낮아져도 사용하기 힘들다.

2. 이소 부탄 가스
납작한 가스용기에 들어있는 연료다. 용기의 체결부위가 나사식으로 되어 있으며 주로 바비큐용으로 사용되어 '캠핑 가스' 혹은 '나사식 가스'로 불린다. -10℃ 이하의 혹한기만 아니라면 사용이 가능하다.

2. 프로판 가스(LPG)
커다란 가스통에 담긴 연료로 캠핑을 즐기는 내내 끊임없이 난방 기구를 사용해야 하는 가족단위 캠퍼에게 추천한다. 동일한 용기에 여러 번 충전을 해서 사용해야 하므로 관리에 각별한 주의를 기울여야 한다.

Type 2 액체 연료

기체 연료에 비해 온도의 영향을 덜 받아서 사계절 내내 자유롭게 사용할 수 있으며 화력도 더 강한 편이다. 사용상 난이도가 있으므로 캠핑 경험이 풍부한 캠퍼에게 추천한다.

1. 화이트 가솔린

무연 가솔린이라고 한다. 일반 가솔린을 깔끔하게 정제하여 연소로 인한 그을림과 연기 발생이 적다.

2. 등유, 경유, 휘발유

가격이 저렴하며 주유소에서 쉽게 구할 수 있다. 화이트 가솔린에 비해 상대적으로 저렴한 가격대의 제품에 사용한다. 연료 내부의 침전물이 제품의 수명을 단축시킬 우려가 있다.

Type 3 고체 연료

양초, 숯, 장작 등 고체로 된 모든 연료를 통칭한다. 대부분 현지 조달이 가능하므로 백패킹캠핑이나 솔로 캠핑 시 사용이 용이하다.

1. 숯

불이 잘 붙지 않으나 한번 붙은 불은 오래 지속된다. 직화 요리를 할 때나 화로에 불을 피울 때 주로 사용한다.

2. 장작

캠핑장 주변에 널린 죽은 나뭇가지를 말한다. 젖은 장작은 불을 붙이기가 쉽지 않다. 연소하면서 연기가 많이 배출되므로 요리에는 적합하지 않다.

Type 4 기타 연료 ECO!

캠핑 역시 다른 분야와 마찬가지로 친환경 에너지에 대한 관심이 높아지며 기존의 화석 연료를 대체할만한 연료와 그에 맞는 제품이 속속 개발되고 있다.

1. 배터리

장비 내에 배터리를 내장하고 있거나 일반 건전지를 사용한다. 액체나 기체 연료를 사용하는 장비에 비해 가볍고 작아서 텐트 내부에서 사용이 용이하며 화재의 위험이 적다.

2. 자가 충전

콘센트를 통해 전력을 충전하는 것이 아니라 태양열 혹은 레버를 돌려 자가 충전하는 방식이다. 크기에 비해 연료 효율이 낮아서 랜턴이나 라디오 등에 주로 사용한다.

Lantern 랜턴

밤에도 환한 도심과는 달리 캠핑장에는 칠흑 같은 어둠이 깔린다. 이 때 필요한 것이 바로 랜턴이다. 활동이 용이해지는 것은 물론 심리적 안정감을 주고 고즈넉한 캠핑 분위기를 살린다.

Type 1 테이블용

캠핑 사이트의 중심이 되는 테이블 위에 올려놓는 랜턴이다. 한밤중엔 이 랜턴을 중심으로 둘러 앉아 도란도란 이야기를 나누기도 한다. 넓은 범위를 비춰야 하므로 광량이 큰 것이 좋다.

Type 2 텐트용

텐트 안에서 사용하는 랜턴이다. 화석 연료를 사용하는 제품은 화재나 질식의 위험이 있으므로 건전지를 사용하는 제품을 선호한다. 좁은 공간에서 사용할 것을 고려해 빛이 너무 밝은 것 보다는 눈이 피로하지 않을 정도로 적당한 것이 좋다.

Type 3 이동용

한밤중에 화장실을 가거나 이동을 해야 할 때 사용하는 랜턴이다. 손에 들 수 있는 형태와 머리에 쓸 수 있는 형태가 있다. 머리에 쓰는 헤드랜턴의 경우 두 손을 자유롭게 사용할 수 있다는 장점이 있다.

구입 CHECK POINT!

랜턴은 용도에 맞게 여러 종류를 구비하고 있는 것이 좋다. 텐트용이나 테이블용은 고리가 있어서 나무나 텐트에 걸 수 있는 제품을 선택한다.

Recommend

콜맨 노스스타
화이트 가솔린 전용 랜턴으로 주변 기온이나 기압에 영향을 덜 받는다

Stove 스토브

캠핑의 백미는 뭐니뭐니해도 먹는 것이다. 최근 오토캠핑 장비 중 키친의 비중이 커지고 있는 점이 이를 반증한다. 겨울철에는 스토브에 불을 켜고 요리를 하는 것 만으로도 사이트에 훈훈한 기운이 감돈다.

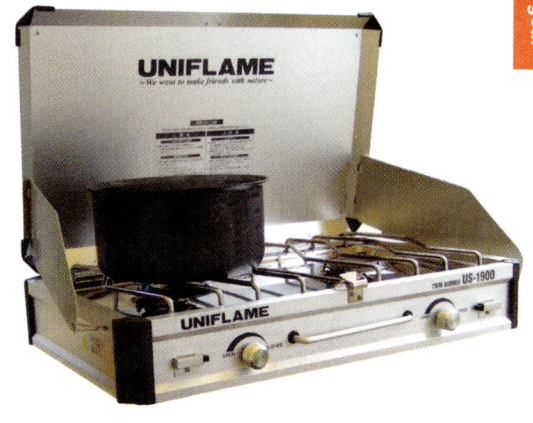

Type 1 워킹캠핑, 백패킹캠핑용

버너가 하나다. 배낭에 넣어야 하므로 부피가 작고 휴대가 간편한 것이 특징이다. 연료 탱크와 버너가 붙어 있는 일체형과 분리되어 있는 호스형이 있다. 테이블 위에 올려 찌개를 끓여먹거나 간단한 조리를 하기에 좋다.

Type 2 오토캠핑용

버너가 두 개인 제품이 대부분이다. 오토캠핑 시 주로 사용하며 휴대성보다는 편리함에 중점을 둔 장비다. 키친 테이블 위에 올려서 제대로 된 조리대의 모습을 갖출 수 있다.

구입 CHECK POINT!

연료를 결정한 다음 용도와 기호에 따라 스토브를 선택한다. 간단한 캠핑이라면 백패킹캠핑용이, 여럿이 함께 가는 캠핑이라면 오토캠핑용이 적절하다. 오토캠핑용을 메인으로 사용하고 백패킹캠핑용을 서브로 사용하기도 한다.

Recommend

MSR 위스퍼라이트 인터네셔널 V2

등유, 경유 겸용 스토브. 가볍고 휴대성이 좋으며 한겨울에도 무리 없이 사용할 수 있다.

Table 테이블

테이블이 있으면 좀 더 풍요로운 캠핑을 즐길 수 있다. 랜턴과 스토브를 올려놓을 수 있으며 밥을 먹거나 차를 마실 때, 독서를 할 때 등 다양하게 활용이 가능하다. 캠핑장에서 주로 고기를 구워먹는 한국인의 식습관을 고려한 화로대 테이블이나 요리와 설거지 등을 할 수 있는 키친 테이블이 있어 편리하게 사용할 수 있다. 예전에는 주로 플라스틱이나 철제로 이루어진 테이블이 강세였다면 최근에는 목재로 만든 테이블이 인기를 끌고 있다.

Type 1 화로대 테이블 (바비큐 테이블)
중간에 화로대나 스토브를 넣을 수 있는 형태의 테이블로 조리와 식사를 동시에 해결할 수 있다. 식사를 하지 않을 때는 가운데를 덮어 일반 테이블로 활용한다. 국내 오토캠핑에서는 거의 필수품이라고 할 정도로 많은 캠퍼가 구입하고 있으며 다양한 제품이 나와있다.

Type 2 키친 테이블
캠핑용 스토브를 올릴 수 있는 공간과 조리대가 있다. 설거지를 할 수 있는 싱크대가 있는 제품도 있다. 함께 캠핑을 즐기는 인원이 많아지면 장비를 놓을 수 있는 공간에 한계가 생기는데 이때 키친 테이블을 조리도구 수납공간으로 활용하면 좋다.

Type 3 사이드 테이블
화로대 테이블과 키친 테이블이 메인이라면 사이드 테이블은 서브로 사용할만한 작고 가벼운 테이블이다. 독립된 공간에 두어 별도의 휴식공간을 만들거나 수납용으로 이용해도 좋다.

Type 4 IGT *Iron Grill Table*
스노우피크사에서 처음 출시한 테이블로 국내에서는 비슷한 모양과 방식을 갖춘 테이블을 모두 IGT 라고 부른다. 다양한 방식으로 테이블의 분리와 합체가 가능하며 스토브나 그릴같은 조리기구와 결합할 수 있어 공간 활용과 인테리어에 메리트가 있다. 가격대가 조금 높은 편이다.

Part 2 >> camping gear

Recommend

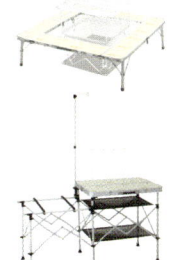

코베아 파이어 캠프 테이블
(화로대 테이블)
알루미늄 재질로 가볍다.

콜맨 컴팩트 키친 테이블
(키친 테이블)
조리용 테이블과 투버너 스탠드가 하나로 구성되어 편리하다.

유니프레임 사이드 테이블
(사이드 테이블)
사이드 테이블의 원조 격으로 많은 캠퍼가 사용하고 있다.

스노우피크 IGT 세트
(IGT)
대나무 소재의 IGT다. 완제품으로는 판매하지 않으므로 부품을 따로 구입해서 조립해야 한다.

구입 CHECK POINT!

테이블의 활용범위를 살펴보아 자신의 캠핑 스타일과 맞는 것을 고른다. 화로대 테이블의 경우 테이블을 구성하고 있는 재질이 고열을 감당할 만큼 견고한지 확인한다. 접었을 때의 크기를 잘 살펴보아 휴대가 용이한 제품을 고른다. 앉아서 사용하는 테이블은 가지고 있는 의자와의 높이를, 서서 사용하는 테이블이라면 자신의 키와 잘 맞는지를 확인한다.

Chair 의자

의자와 테이블은 함께 구입하는 것이 좋다. 따로 구입한다면 먼저 구입한 제품의 높이를 생각하여 다음 제품을 선택한다. 각 브랜드에서 출시하는 의자의 높이 차에는 그 브랜드의 고집과 노하우가 담겨있다. 한국인에게는 아시아인의 체형을 고려한 스노우피크나 코베아 제품이 잘 맞고 편하다.

Type 1 캡틴형

시트와 등받이의 각도가 직각을 이루는 형태의 의자다. 원래 캡틴 체어는 콜맨에서 출시하는 특정 제품의 모델명이지만 국내에서는 브랜드에 상관없이 이와 같은 모양의 의자를 총칭해 부르고 있다. 허리를 곧게 펴고 앉아야 하며 테이블과 함께 사용한다. 가장 기본적인 캠핑 의자라고 할 수 있다.

Type 2 로우형

의자의 높이가 낮아 보다 깊숙하고 편안하게 앉을 수 있다. 최근 낮은 자세에서 자연을 더욱 가까이 느끼고자 하는 캠핑 방식이 인기를 끌며 국내 캠퍼에게 각광받고 있다. 원목 재질이 주를 이룬다.

Type 3 릴렉스형

등받이가 뒤로 많이 젖혀져 있어 편한 자세로 기대어 쉴 수 있다. 테이블과 함께 사용할 시 다소 불편할 수 있으므로 한가로이 앉아 일광욕을 즐기거나 가벼운 낮잠을 잘 때 사용한다.

Type 4 바비큐형

등받이가 없는 의자로 작고 가벼워서 백패킹캠핑에 적합하다. 단순히 앉는 용도 외에도 릴렉스형 의자의 발 받침대나 아이스박스 거치대로 사용하는 등 활용도가 높다. 바비큐형 의자를 선택했을 경우 테이블 또한 높이가 낮은 것을 선택한다.

Type 5 그라운드형

다리가 없는 좌식 스타일 의자다. 주로 캔버스 재질로 이루어져 있으며 텐트 속이나 돗자리 위에서 사용한다. 펼치면 매트가 되는 제품도 있다.

Recommend

콜맨 슬림 캡틴 체어 (캡틴형)
사방 접이식 구조로 되어 있어 수납이 용이하다.

블루릿지체어웍스 캐러밴 체어 (로우형)
원목이 따뜻한 느낌을 주며 착석감이 좋다.

코베아 필드 럭셔리 체어 (릴렉스형)
인체공학적으로 설계된 등받이 각도가 편안함을 준다.

코베아 알루미늄 BBQ 체어 (바비큐형)
알루미늄 프레임으로 견고하게 사용할 수 있다.

콜맨 컴팩트 그라운드 체어 (그라운드형)
등을 안정감 있게 받쳐주며 가볍게 휴대할 수 있다.

구입 CHECK POINT!

캡틴형과 로우형 같이 테이블과 함께 사용하는 의자를 기본으로 구입한 다음 릴렉스형, 바비큐형 등을 사이드로 구입하는 것이 좋다. 기본 의자는 테이블의 높이를 고려해서 선택해야 편안하게 사용할 수 있다. 릴렉스형은 앉았을 때의 편안함이 최우선시 되어야 한다. 자신의 몸에 비해 등받이가 너무 짧지는 않은지, 허리가 불편하지는 않은지 확인한다.

Brazier 화로대

화로대는 캠핑의 낭만과 재미를 배가시켜주는 장비다. 화로대를 이용해 음식을 조리하거나 추위를 피할 수 있으며, 수학여행의 추억을 상기하며 캠프파이어를 즐길 수도 있다. 늦은 밤 화로대를 중심으로 옹기종기 둘러앉아 이야기를 나누는 시간은 색다른 즐거움이다.

🌿 화로대의 특징

열과 녹에 강한 스테인리스 재질로 되어 있으며 수납이 용이하도록 폴딩 형태로 나오는 제품이 많다. 설치를 마친 후 위에서 내려다 보았을 때 사각형이면 사각 화로대, 팔각형이면 팔각 화로대라고 부른다. 국내에서는 스노우피크에서 출시하는 접이형 화로대의 형태를 차용한 다양한 제품이 출시되고 있다.

구입 CHECK POINT!

접었을 때 부피가 작으며 쉽게 설치할 수 있는 제품을 선택한다. 캠프파이어용인지 요리용인지, 소규모인지 대규모인지 사용 용도와 인원을 고려해 화로대의 형태와 크기를 선택한다.

Recommend

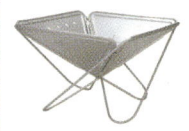

스노우피크 화로대
화로대의 원조격인 제품으로 견고하고 믿음직스럽다.

화로대가 없다면 돌더미 등을 이용해 임시 화로대를 만들어 사용할 수 있다

Part 2 >> camping gear

환경에 미치는 영향을 줄이면서 화로대의 화력을 좋게 할 수 있는 임시 화로대 설치법을 살펴보자.

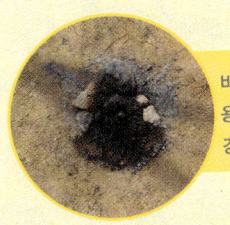

바닥을 팔 수도, 돌을 찾기도 힘들다면 화로를 사용했던 흔적이 남아있는 곳을 이용하는 편이 환경을 해치지 않는 방법이다.

step 1
주변에 동식물이 없는 장소를 골라 자리를 잡는다.

step 2
바닥의 흙을 퍼내어 지름 30cm, 깊이 10cm 정도의 야트막한 구멍을 만든다.

step 3
구멍에 돌을 채운 뒤 그 위에 장작을 얹어 불을 피운다.

Dutch oven 더치오븐

인체에 무해한 철과 규소, 탄소로 구성된 무쇠로 만들어진 냄비를 말한다. 미국 서부개척시대에 네덜란드계 이민자들이 들여왔다 하여 더치오븐 Dutch Oven 이라고 부른다. 단순히 조리도구 중 하나일 뿐이라고 생각할 수도 있지만 캠핑에서는 별도의 분야로 인정할 만큼 그 존재가 절대적이다. '캠핑 요리의 꽃'이라고 불리는 더치오븐 요리는 뛰어난 맛으로 캠퍼를 사로잡는다.

 더치오븐의 특징

더치오븐은 무쇠로 이루어져 있어서 굉장히 무겁지만 가열성이 뛰어나 음식 속까지 온도가 빠르게 전달된다. 전후좌우 모든 방향에서 가열할 수 있으며, 찌거나 볶는 등 대부분의 조리방법을 사용할 수 있다. 무거운 뚜껑이 압력솥과 같은 효과를 내어 삼계탕 같은 음식을 조리할 때도 용이하다. 화학 코팅을 하지 않아 인체에 필요한 철분이 음식에 배어 들어 깊은 맛을 느낄 수 있다.

 더치오븐 관리하기

더치오븐 사용 전후에는 반드시 시즈닝 Seasoning 이라고 하는 단계를 거쳐야 한다. 녹이 스는 것을 방지하기 위해 표면에 칠해놓은 왁스를 벗겨내고 음식물이 눌러 붙지 않도록 기름칠을 하는 과정이다. 본체는 물론 뚜껑도 시즈닝해야 녹이 슬지 않는다.

구입 CHECK POINT!

고정적으로 함께 캠핑을 하는 인원수와 자주하는 요리 등을 고려해 더치오븐의 크기를 결정한다. 관리방법이 다소 까다로운 일반적인 더치오븐 외에도 다양한 소재를 접목한 제품이 나오고 있으니 취향에 맞게 선택하도록 하자.

Recommend

롯지 더치오븐
100년 이상 더치오븐을 제작해온 기업으로 기본에 충실하며 견고한 제품을 자랑한다.

CAMPER SAYS :

그릴이 없을 때 더치오븐 뚜껑을 이용하면 바비큐 요리가 가능하다. 꼼꼼하게 시즈닝한 더치오븐 뚜껑을 스토브 위에 올리고 고기를 얹어 구우면 솥뚜껑 삼겹살 부럽지 않다.

더치오븐 시즈닝하기

step 1 따뜻한 물에 더치오븐을 헹구고 솔이나 나무 주걱, 스폰지 등으로 닦는다. 주철에 스며들 수 있으므로 세재는 사용하지 않는다.

step 2 음식을 하고 난 후 찌꺼기가 눌어 붙어 있다면 물을 넣고 끓이거나 철 브러쉬를 사용하여 긁어낸다.

step 3 세척을 마친 더치오븐은 마른행주나 키친타월 등으로 빠르게 수분을 제거한다.

step 4 키친타월이나 기름솔을 이용해 더치오븐 전체에 식물성 오일을 고르게 펴 바른다.

step 5 기름을 바른 더치오븐을 스토브에 올리고 강한 불로 가열한다.

step 6 오일이 타면서 연기가 나기 시작한다. 연기의 양이 많아지면 불을 줄인다. 철 냄새가 심하게 난다면 이 과정에서 파, 양파, 마늘 등 향이 강한 채소를 넣고 함께 가열하며 볶는다. 차츰 연기가 줄어들면서 사라지면 불을 끄고 자연 바람에 식힌다.

Kitchenware 주방용품

조리를 하기 위해서는 많은 도구가 필요하다. 조리 중 지저분해진 손을 싱크대에서 씻고 냉장고에 잘 보관된 식품을 꺼내는 것 같은 기본적인 행동을 할 수 없는 캠핑장에서는 최소의 장비로 그에 못지 않은 효과를 낼 수 있도록 구성해야 한다.

1. 아이스박스
소프트 케이스는 보관이 용이하지만 하드 케이스에 비해 냉장 보존기간이 짧다. 하드 케이스는 재질에 따라 플라스틱과 스틸로 나뉘는데 스틸이 기능적으로 좀 더 우수하지만 가격이 비싸다. 가장 일반적으로 사용되는 것은 플라스틱 아이스박스다.

2. 그릇
플라스틱류는 환경 호르몬이 염려될 뿐만 아니라 기름기가 잘 닦이지 않아 위생상 좋지 않으므로 스테인리스 제품을 고른다.

3. 들통
손잡이가 달린 스테인리스 재질의 커다랗고 깊은 그릇을 말한다. 충분한 양의 음식을 만들 수 있으며, 후에 마치 배급을 받듯 요리를 나눌 때는 색다른 즐거움까지 느껴진다.

4. 그릴
바비큐요리를 위해 꼭 갖춰야 할 장비다. 불 위에 올려 사용하는 철판 그릴 외에도 스토브와 일체형으로 되어 있는 제품도 있다.

5. 집게
바비큐를 구울 때는 물론 면 요리 조리 시에도 유용하게 사용된다.

6. 가위
바비큐를 할때 사용하는 경우가 많으므로 가위 날 부근에 플라스틱이 덧대어져 있는 제품은 피하는 것이 좋다.

7. 설거지통
완벽하게 방수가 되는 통에 자잘한 설거지거리를 모두 넣을 수 있어 편리하다.

8. 바람막이
제 아무리 화력이 강한 버너라도 거세게 몰아치는 바람 앞에는 장사가 없다. 버너에 바람막이를 설치하면 거센 바람을 견딜 수 있다.

The other gear 기타 장비

Part 2 >> camping gear

캠핑을 한층 업그레이드 시켜줄 장비가 여기 있다. 간단한 장비로 몇 차례 캠핑을 다녀온 뒤 뭔가 모를 벽에 부딪힌 캠퍼가 있다면 참고해보도록 하자.

1. 야전침대
아무리 바닥재를 푹신하게 깔아도 바닥이 불편한 사람은 야전침대를 이용한다. 야전침대에 에어매트를 하나 더 깐다면 집에서처럼 안락한 잠자리를 꾸릴 수 있다.

2. 해먹
그물침대를 말한다. 때로는 해먹이 캠핑의 이유가 되기도 한다. 나무 사이에 걸어놓은 해먹에 누워 한가로이 책을 읽고 단잠을 자고 나면 캠핑장을 떠나기 싫어질지도 모른다.

CAMPER SAYS 🌐 **ECO!**
편안함을 위해 설치하는 해먹이 때로는 나무에 큰 상처를 남긴다. 해먹을 설치할 때 나뭇가지에 수건을 두른 다음 줄을 감으면 상처를 줄일 수 있다. 여유가 된다면 해먹 스탠드를 따로 구입하도록 하자.

3. 컨테이너
자잘한 캠핑 장비를 한번에 쉽고 빠르게 이동시킬 수 있다. 바퀴가 달려있거나 어깨에 맬 수 있는 제품을 선택한다.

4. 우비
예고 없이 내리는 비에 대비하기 위해 상시 지참한다. 장비를 설치하거나 철수할 때 우산은 불편하므로 우비를 준비한다.

5. 구급상자
캠프 중 안전사고는 빈번하게 일어난다. 바로 병원에 갈 수 없는 경우가 많으므로 간단한 구급약품을 상비하자.

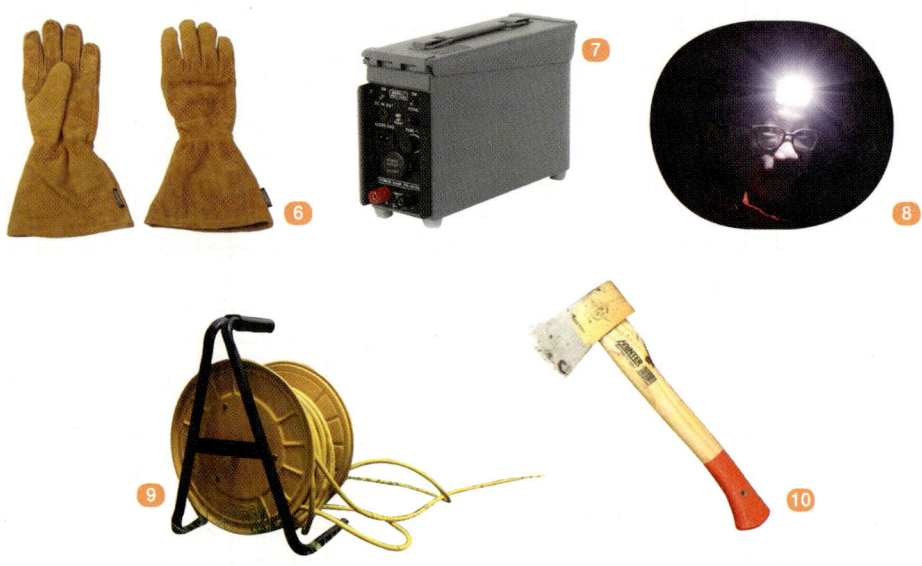

6. 가죽 장갑
캠핑장에서 가죽 장갑은 그야말로 전천후 아이템이다. 텐트를 칠 때나 장작을 주울 때, 도끼나 망치질을 할 때, 뜨거운 물건을 만질 때 등등 두꺼운 가죽 장갑이 있다면 맨손으로 하기 힘든 작업을 쉽게 해결할 수 있다.

7. 캠핑 파워
전기를 사용할 수 없는 곳에서 캠핑을 할 때 유용한 소형 발전기다. 집이나 차에서 전기를 충전해 캠핑장에서 전력을 사용할 수 있다.

8. 헤드랜턴
머리에 쓸 수 있는 헤어밴드에 랜턴이 부착되어 있는 형태로 캠퍼가 보고 있는 방향을 향해 빛을 밝히기 때문에 야간 이동에 필수다.

9. 릴선
오토캠핑에서는 릴선이 필수다. 전기사용이 가능한 캠핑장이라 하더라도 릴선이 없다면 전기를 끌어올 수 없다. 전압차단기가 내장된 제품을 구입하는 것이 안전하다.

10. 도끼
도끼가 있다면 캠핑장 주변에 지천으로 널린 장작더미가 내 것이 된다. 장작 더미를 구입하는 비용을 아낄 수 있으며, 연료를 자급자족하는데서 오는 뿌듯함을 느낄 수 있다.

11. 드라이버툴
일명 '맥가이버칼'로 주머니에 넣고 다니면 요긴하게 쓰인다.

12. 토치
부탄 가스를 연료로 하며 화력이 좋아 숯에 불을 붙일 때 사용한다.

13. 스피커
자연 속에서 한가로이 자신이 좋아하는 음악을 듣는 것은 캠퍼만이 누릴 수 있는 특권이다. 음질은 기본이요 보기에도 스타일리시한 스피커가 있다면 더할 나위 없다. 단, 다른 캠퍼에게 방해가 되지 않도록 일정 수준의 볼륨을 지키는 것은 잊지 말자.

14. 캠핑용 변기
지저분한 화장실에서는 도무지 일을 볼 수 없는 이들을 위해 출시된 제품. 단순히 의자 시트 중앙 부분이 뚫려있는 제품이 있는가 하면 환경에 해가 되지 않도록 미생물을 이용해 분해하는 제품까지 다양하다.

15. 샤워텐트
화장실이나 샤워실을 갖추고 있지 않은 캠핑장을 이용할 경우 유용하게 사용할 수 있다. 보통 위쪽으로 호스를 뺄 수 있는 구멍이 있다.

Accessory 액세서리

1. 윈드 스피레이션
바람이 부는 대로 빙글빙글 도는 무지개색 바람개비다. 정식 명칭은 윈드 스피레이션으로 남과는 다른 자신만의 개성을 보여줄 수 있어 젊은 캠퍼 사이에서 인기다.

2. 트위스터
텐트나 타프 끝에 매달거나 줄에 감아 거는 액세서리로 바람이 불 때마다 빙글빙글 돌며 색다른 분위기를 연출한다.

3. 파티 플래그
텐트에 개성을 더함은 물론 스트링에 연결하면 눈에 잘 띄어 줄에 걸려 넘어지는 사고를 예방할 수 있다. 비슷한 텐트가 많은 캠핑장에서 어린아이가 쉽게 텐트를 찾아올 수 있다.

4. 데이지 체인
암벽등반을 하는 등반가가 사용하는 장비지만 캠핑 시에도 유용하게 사용된다. 장비를 무작위로 걸어놓기만 해도 훌륭한 인테리어가 된다.

5. 악기
기타, 젬베, 퍼커션 뭐든지 좋다. 더욱 즐거운 캠핑을 위해 간단한 악기를 챙겨보자. 흥을 돋워주는 것은 물론 텐트에 기대어 놓는 것만으로 매력이 한껏 상승된다.

6. 향
후각을 만족시켜줄 향을 준비해보는 것은 어떨까? 어스름한 저녁, 테이블 위에 향을 피우고 그 주위에 둘러앉아 도란도란 이야기를 나눈다면 특별한 경험이 될 것이다.

7. 초
바람에 따라 흔들리는 초로는 그다지 주변을 밝힐 순 없지만 멋이나 무드를 위해서는 이만한 것이 없다. 곁에 앉은 일행의 마음만은 그 무엇보다 밝게 비추고 있을지도.

Part 2 >>
camping gear

69

Seasonal gear 계절 장비

캠핑은 자연 속으로 파고드는 행위인 만큼 환경에 따라 장비가 변화해야 한다. 날씨가 추우면 체온을 보호해 줄 난로가 필요하고, 더울 때는 선풍기 등을 활용해 쾌적한 캠핑 생활을 즐긴다.

🍃 봄, 가을

낮에는 제법 따뜻하다가도 해가 지면 기온이 떨어진다. 특히 숲에 위치한 캠핑장의 경우 더욱 심한 온도 차를 느낄 수 있다. 여분의 옷을 챙기거나 모포 등을 준비해 야외 활동 시 추위로부터 몸을 보호하도록 하자.

모포
보온뿐만 아니라 피크닉 매트로도 활용이 가능하다. 컬러풀한 모포는 의자에 걸쳐두기만 해도 훌륭한 캠핑장 인테리어가 된다.

 ### 여름

한여름에는 무더위 그리고 벌레와 한바탕 전쟁을 치러야 할지도 모른다.

모기향, 벌레퇴치 스프레이
벌레를 쫓는 것은 물론 은은하게 퍼지는 모기향이 여름밤의 향취를 더한다. 모기향으로도 부족하다면 스프레이를 뿌리거나 벌레퇴치 패치, 팔찌 등을 이용한다.

선풍기
건전지로 작동하는 휴대용 선풍기. 오토캠핑을 떠난다면 전기를 사용하며 크기가 큰 선풍기를 준비해도 좋다.

 ### 겨울

추위와 맞서야 하는 겨울에는 특별히 보온을 위한 장비가 필요하다.

핫팩, 손난로
편의점이나 드럭스토어에서 비교적 저렴한 가격으로 손쉽게 구할 수 있다.

난로
겨울철 캠핑을 위한 필수 장비로 텐트 내부에 설치해 실내온도를 높이고 때로는 요리를 할 때도 사용한다.

Special Note 03 : 아웃도어 브랜드 히스토리

장비를 잘 알고 싶다면 먼저 그 장비를 생산하는 브랜드의 특징을 알아야 한다. 각 브랜드마다 장단점이 있어서 그것만 파악해도 장비 구입의 반은 성공한 셈이다. 아웃도어 브랜드답게 그 히스토리 또한 다이내믹한 브랜드가 많아 재미를 더한다

콜맨 Coleman 종합 브랜드

랜턴 대여 사업으로 시작해 110년이 넘는 기간 동안 꾸준히 캠핑 장비를 생산해 온 신뢰의 브랜드. 미국에 위치한 본사 공장에서는 랜턴 하나에 40번 이상의 공정과 세밀한 점검을 거쳐 상품을 생산하고 있다. 쿨러와 버너 등 다양한 아웃도어 제품을 개발하며 꾸준히 전통과 혁신을 이어가고 있으며 이렇게 탄생한 제품들은 해저에서 건진 랜턴이 여전히 작동하고, 꽁꽁 언 스토브가 점화되며, 전소된 차량에서 발견한 쿨러에 여전히 얼음이 남아있는 등 현재진행형 전설로 이어지고 있다.

스노우피크 Snowpeak 종합 브랜드

1950년대 철물 도매상을 하던 야마노이 유키오山井幸雄가 당시 일본의 등산용품에 불만을 갖고 오리지널 등산용품을 개발, 판매하면서 시작되었다. 이후 일본의 오토캠핑 시장을 혁신하고 미국, 유럽, 아시아 등지로 진출하며 독창적인 스타일을 전파하고 있다. 제품의 품질과 환경을 중시하는 일본인 특유의 고집과 장인정신으로 개발한 제품은 고가임에도 불구하고 전 세계적으로 두터운 마니아 층을 확보하고 있다.

patagonia®

파타고니아 Patagonia 의류

급진적 환경주의자이자 전설적인 암벽 등반가인 이본 취나드 Yvon Chouinard에 의해 설립되었다. 파타고니아는 옷감의 종류인 면의 생산을 위해서는 엄청난 양의 화학비료와 살충제가 필요하다는 사실을 알고 막대한 원가 상승에도 불구하고 모든 의류의 재질을 유기면으로 교체했다. 또한 세계 최초로 플라스틱을 재활용한 신소재를 개발해 플리스 제품을 생산하고 있다. 이게 파타고니아의 정신이며 이본 취나드의 이름 앞에 '급진적'이라는 단어가 붙는 이유다.

롯지 Lodge 더치오븐

1896년 미국의 조셉 롯지 Joseph Lodge에 의해 설립된 롯지는 더치오븐을 생산, 판매하는 브랜드다. 115년간 이어진 롯지 전통의 품질관리 방식과 미국의 엄격한 규제에 따라 인체에 무해한 제품을 생산하고 있다. 미국 본토에서 무쇠 조리기구를 생산하는 유일한 회사로 세계 최고의 품질을 지켜가고 있다.

OUTDOOR BRAND HISTORY

MSR^{Mountain Safety Research} 전문 산악용품 브랜드

고산을 등반하는 등반가에게 치명적인 탈수현상을 해결하기 위해 1973년 MSR에서는 '모델 9'라는 스토브를 개발했습니다. 고도가 높은 산에서도 작동이 가능한 이 스토브를 이용해 많은 등반가들이 눈을 녹여 수분을 섭취할 수 있었다. 이후 캐스케이드Cascade사와 합병되면서 스토브 외에 텐트, 설피, 코펠, 휴대용 정수기, 기능성 타월 등을 생산하고 있다. 전문 등반가들이 선택하는 신뢰의 브랜드로 어떠한 상황에도 대처할 수 있는 최상의 성능을 가진 제품을 끊임없이 개발하고 있다.

팬들턴Pendleton 의류

1863년 영국인 토마스 케이Thomas Kay에 의해 미국의 오레건 주에서 시작되었다. 이후 케이의 손자들이 인디언이 매매하던 선명한 모양의 모포를 제작하면서 미국인에게 어필하기 시작했다. 2차 세계대전 당시 군복과 군용모포, 침낭 등을 제작했으며, 이후 여성 라인을 선보이며 미국의 유행을 선도했다. '미국의 양심'이라고 불릴 정도로 신뢰를 받고 있는 브랜드이며, 최근에는 팬들턴의 레트로한 패턴이 전세계 아웃도어 스타일 마니아에게 선풍적인 인기를 끌고 있다.

코베아Kovea 종합 브랜드

1982년 아웃도어 용품의 불모지였던 한국에 야외용 가스버너를 선보이며 시작했다. 다년간 현장 체험을 통해 습득한 노하우를 바탕으로 연구와 개발에 매진하며 짧은 시간 고도성장했다. '아웃도어용품의 국산화'를 실현하며 1996년 수출 100만불탑 수상을 시작으로 2000년 수출 1000만불탑, 2002년 ISO 9001 국제 품질보증시스템 인증을 획득해 이제는 세계의 브랜드로 인정받고 있다. 국내 오토캠핑에 최적화된 제품을 선보이면서 마니아들의 지지를 얻고 있다.

아크테릭스Arc'teryx 의류

1989년 캐나다의 열정적인 등반가에 의해 탄생했다. 시조새의 학명인 아키텁터릭스Archeopteryx에서 유래한 이름으로 끊임없이 진화하는 생명체와 같은 지속적인 혁신을 브랜드 철학으로 내세우고 있다. 현재 아웃도어 의류에 일반화된 방수지퍼, 심실링 테이프처리, 무봉제 접착기술 등이 모두 아크테릭스에서 최초로 고안하고 제품화한 것이다. 전 제품에 고어텍스, 말덴파워쉴드, 쉘러 등의 최고급 자재만을 엄선해서 사용하는 것으로 유명하다.

OUTDOOR BRAND HISTO

날진 Nalgene 물통

연료통, 수통, 의약품통 등 다양한 품목과 규격의 용기를 제작하는 아웃도어 브랜드로 정밀 실험 기구를 제작해온 노하우로 1949년 뉴욕에 설립되었다. 완벽에 가까운 밀폐성, 방수성, 내구성으로 전세계적으로 널리 사용되고 있으며, 1971년 이래 미국의 히말라야 등반대 장비에 반드시 날진의 제품이 포함될 정도로 그 성능을 인정받고 있다.

쿠필카 Kuphilka 테이블 웨어

핀란드어로 '작은 컵'이라는 뜻을 가진 쿠필카는 건축가 헤이키 코이부로바 Heikki Koivurova에 의해 디자인된다. 캠핑을 비롯한 각종 아웃도어 활동에서 사용할 수 있는 테이블 웨어를 생산하고 있으며 실용성과 독특한 디자인으로 세계 각지에서 사랑받고 있다. 쿠필카의 제품은 소나무가 50% 첨가된 자연친화적 천연섬유 복합소재로 제작되며 이는 나무의 느낌은 그대로 살리고 플라스틱의 단점은 보완한 신소재다.

솔메이트 Solmate 양말

창립자 마리안 워커린 Marianne Wakerlin이 친구와 가족을 위해 연간 100여 개의 양말을 만들던 것이 시초가 되어 설립되었다. 버려진 티셔츠 등을 재가공한 실을 사용함으로써 환경을 보호하며 'Made in Green'과 'Oeko-Tex' 같은 친환경 품질인증단체에 의해 인정받고 있다. 북미는 물론 일본에서도 아웃도어 스타일 패션의 시작으로 받아들여지고 있다.

첨스 Chums 의류, 액세서리

1983년 미국인 마이크 타겟 Mike Taggett이 선글라스용 스트랩을 제작하면서 브랜드가 시작되었다. 첫 제품의 출시 후 세계적으로 인기를 끌며 200만개 이상의 스트랩이 40여 개국으로 판매가 되었다. 일반적인 아웃도어 브랜드에서 볼 수 없는 화려한 원색 계열의 제품을 선보이며 최근 젊은 아웃도어 마니아들에게 높은 지지를 얻고 있다.

내게 맞는 장비 고르기

앞에서 알아봤듯이 캠핑에는 대자연 앞에서 연약한 육체를 온전히 보호해줄 다양한 장비가 필요하다. 그렇다면 어떤 장비를 선택해야 옳은 것일까? 저렴한 것? 많이 알려진 브랜드? 그것도 아니면 모두가 선택하는 제품? 장비 선택의 방향은 다양하지만 실제로 어떻게 골라야 하는지 와 닿지 않는다면 다음의 내용을 참고해 보자.

*다음에 나오는 제품의 가격은 모두 2012년 10월 공식사이트 기준입니다.

장비 구입 시 고려할 사항

지피지기면 백전백승. 아는 만큼 보이고, 또 아는 만큼 싸게 구입할 수 있는 것이 캠핑 장비다. 무조건 남들이 갖고 있는 고가의 장비를 따라 살 것이 아니라 자신의 예산과 캠핑 스타일에 맞춰 장비를 구입하는 현명함을 발휘해야 한다.

🌿 인원수 고려하기

장비 구입 전 고정적으로 함께 캠핑을 즐기는 인원수를 고려한다. 아무리 성능이 좋더라도 인원수에 맞지 않은 장비는 무용지물이다.

🌿 장비 특성 확인하기

캠핑 장비는 한가지 기준만으로 판단하기가 어렵다. 예를 들어 백패킹캠핑을 할 때는 무거운 텐트보다 가벼운 텐트가 좋지만, 오토캠핑을 할 때는 내구성이 있고 견고하며 무거운 텐트가 알맞다. 무조건 '텐트는 무거운 것보다 가벼운 것이 좋다'는 식의 단편적인 기준으로 장비를 구입하는 것은 어리석은 짓이다. 그보다는 각 장비의 특성을 확인하고 그 특성이 자신이 즐기는 캠핑에 맞는가를 파악해야 할 것이다.

🌿 연료 특성 확인하기

주로 사용할 연료를 정하고 그 연료를 사용하는 장비를 구입한다. 스토브, 버너, 랜턴과 같이 열과 빛을 내는 장비는 어떤 연료를 사용하느냐에 따라 제품이 달라진다. 각 연료의 특성을 살펴보아 자신의 취향과 캠핑 스타일에 맞는 연료를 선택한다.

🌿 브랜드 히스토리로 판단하기

짧게는 10년 20년, 길게는 100년 이상의 역사를 자랑하는 아웃도어 브랜드의 히스토리를 살펴보자. 각양각색의 브랜드 컬러만큼이나 탄생 배경, 지나온 역사, 추구하는 스타일이 다르다. 이제까지 알지 못했던 이야기를 듣고 나면 그 브랜드에서 나오는 장비의 경향이 보이기 시작할 것이다.

🌿 캠핑 스타일 고려하기

다수가 선택한 장비라도 나에게는 잘 맞지 않을 수 있다. 유행에 휩쓸리기보다는 내 캠핑 스타일을 정립하는 것이 올바른 선택을 할 수 있는 방법이다. 다른 사람에게는 불편하거나 비싼 장비라도 나만의 독특한 취향을 충족시킬 수 있는 아이템이라면 시도해볼 만 하다.

🌿 환경을 생각하기 🌐ECO!

장비 선택에서부터 환경오염을 줄이거나 없앨 수 있는 방법을 생각한다. 최근 많은 브랜드에서 친환경적인 장비를 개발, 출시하고 있다.

장비 구입 체크 리스트

꼭 필요한 장비를 잊고 구입하지 않는다던가, 쓸모없는 장비에 아까운 예산을 허비하지 않으려면 다음의 리스트를 확인해보자. 구입뿐만 아니라 짐을 챙길 때도 이 리스트를 활용하면 편리하다.

★ 반드시 있어야 함   ○ 반드시 필요한 것은 아니지만 필요한 경우가 많음
△ 캠핑 여건에 따라 있어도 되고 없어도 됨   × 없어도 됨

텐트 사이트에 필요한 장비

☐	텐트	★
☐	타프	○
☐	침낭	★
☐	피크닉 테이블	○
☐	서브 테이블	△
☐	테이블 커버	×
☐	의자	★
☐	랜턴	★
☐	랜턴 스탠드	○
☐	연료	★
☐	스트링	★
☐	팩	★
☐	망치	★
☐	도끼	○
☐	삽	△
☐	모포	△

그 외 필요한 장비

☐	세면도구	★
☐	타월	★
☐	티슈	○
☐	모기퇴치용품	○
☐	구급상자	★

요리 시 필요한 장비

☐	키친 테이블	△
☐	투버너 스토브	○
☐	싱글 스토브	★
☐	아이스박스	★
☐	코펠	★
☐	프라이팬	○
☐	더치오븐	○
☐	그릴	△
☐	숟가락	○
☐	젓가락	○
☐	포크	★
☐	국자	○
☐	뒤집개	○
☐	머그컵	★
☐	소주잔	△
☐	조미료	★
☐	호일	△
☐	랩	△
☐	세재	○
☐	수세미	○
☐	키친페이퍼	△
☐	식기건조대	△
☐	쓰레기봉투	★

의류

☐	재킷	○
☐	티셔츠	★
☐	PK셔츠	○
☐	긴바지	○
☐	반바지	○
☐	우비	★
☐	샌들	○
☐	슬리퍼	△
☐	등산화	○
☐	운동화	★
☐	워커	○
☐	선글라스	○
☐	손수건	△

불 피울 때 필요한 장비

☐	화로대	★
☐	숯	○
☐	장작	★
☐	집게	★
☐	라이터	○
☐	토치	○

Part 2 >> camping gear

캠핑 장비 저렴하게 구매하기

제품의 가격과 사용자의 만족도가 항상 비례하지는 않다. 기능이 많은 고급 장비라도 제대로 활용하지 못한다면 불만족스럽고, 저렴한 장비라도 자신의 캠핑 스타일에 잘 맞는다면 최고의 장비가 될 수 있다. 무조건 고급 장비만을 고집하는 것은 현명하지 못한 구매 습관이다. 비싼 장비든 저렴한 장비든 구입 전에는 반드시 충분한 시장 조사를 할 것을 권유한다. 같은 모델의 제품이라도 사이트마다, 판매처마다 가격이 천차만별이다. 구입 후 차액을 보며 후회하지 말고 아래에 소개하는 내용을 눈여겨보자.

🌿 공동구매 사이트를 이용한다

캠핑 장비는 수시로 활발하게 공동구매가 이루어진다. 해외 유명 브랜드 제품부터 자체 제작 제품까지 다양하게 선보이고 있으니 수시로 들락날락 하며 평소 구입하고 싶었던 제품이 올라오는지 살펴보자. 정품이 아닌 병행 수입품이나 자체 제작 상품의 경우 제품의 마감이나 향후 AS 가능 여부 등을 충분히 확인 후에 구입하는 것이 좋다.

* 캠핑 장비 공동구매 정보 사이트
공구삼육오 http://09365.co.kr 캠핑공구 http://camping09.co.kr 마이공구 http://my09.co.kr

🌿 대형 마트, 창고형 할인매장을 이용한다

다양한 수입 제품을 저렴하게 판매하는 회원제 창고형 매장이나 대형 마트에서도 아웃도어 관련 제품을 매력적인 가격대로 선보인다. 텐트, 침낭, 가방 등 다양한 제품을 시즌에 맞게 선보이며 주로 콜맨이나 노스폴 같이 북미지역에서 인기 있는 브랜드가 출시된다. 가끔 국내 정식 수입품과 비교했을 때 훨씬 저렴한 가격으로 나오는 제품이 있는데, 그런 경우 발 빠른 마니아들에 의해 조기 품절 되기 일쑤다. 국내 정식 수입원에서는 AS가 불가능한 경우가 대부분이니 문의 후 구입하는 것이 좋다.

🌿 천원숍을 이용한다

캠핑 장비는 보통 가정에서 사용하고 있는 제품으로 대체가 가능하며 천원숍과 같은 저가 제품 매장을 이용하는 것도 하나의 요령이다. 사용자에 따라 저렴한 가격의 제품을 높은 만족도로 사용할 수 있다. 철제나 목재 식기류, 일회용품 등을 구입할 것을 추천한다.

합리적 가격의 장비 소개

가격만으로는 제품의 수준을 판단할 수 없다. 정말 좋은 장비라 하더라도 입문자가 제대로 활용할 수 없는 경우도 있기 때문에 합리적인 가격의 제품으로 시작해 노하우를 쌓으며 점차 좋은 장비로 바꾸어갈 것을 추천한다. 조금만 유의 깊게 살펴보면 메이저급 브랜드에서도 부담스럽지 않은 가격의 좋은 제품을 발견할 수 있다. 때로는 저렴한 가격에 브랜드 이미지와 탄탄한 AS를 갖춘 장비를 구입할 수 있으니 두 눈 크게 뜨고 이 페이지를 살펴보자.

콜맨 2룸 돔 240 529,000원

초보 캠퍼의 입에서는 '헉' 소리가 날만한 가격이지만 비슷한 품질의 타 브랜드 제품과 비교해 본다면 가격을 잘못 책정한 것이 아닌가 싶을 정도로 합리적인 가격의 제품이다. 콜맨 2룸 돔 240은 이름처럼 두 개의 방으로 이루어진 거실형 텐트로 콜맨에서 나온 다른 모델인 '라운드 스크린 2룸 하우스'보다 한 단계 낮은 미니멀 모델이다. 저렴한 가격으로 거실형 텐트를 장만할 수 있는 것이 최고의 장점이다. 다만 반드시 이너텐트를 설치해야만 자립하는 방식이라 내부 전체를 하나의 방으로 활용하는 것은 불가능하다.

콜맨 리조트 체어 2 36,000원

국내 무명 브랜드의 제품보다도 저렴한 가격으로 출시되어 많은 캠퍼의 사랑을 받고 있다. 양쪽 팔받침대에 컵홀더가 장착되어 있고, 등받이 뒤편으로는 큰 주머니가 있어 소품을 수납할 수 있다. 색상이 다양해 선택의 폭이 넓다.

코베아 캠프1 호스 스토브 72,000원

부식이 잘 일어나지 않는 스테인리스 호스를 갖춘 스토브로 액출방식을 사용하는 스토브 중 가장 저렴한 제품이다. 가볍고 사이즈가 작아 백패킹캠핑족도 부담없이 사용할 수 있다. 국내에서 제작되는 다양한 IGT제품군의 기준이 되는 장비라고 할 수 있다.

Part 2 >> camping gear

코베아 핸디 트윈 스토브 100,000원

나사식 이소부탄가스는 물론 일반 부탄가스도 사용할 수 있는 어댑터를 포함하고 있다. 저렴한 가격에 트윈 스토브를 장만할 수 있어 인기다.

스노우피크 기가파워 스토브 G 75,000원

고가의 금액으로 유명한 브랜드 스노우피크에서 믿을 수 없을 만큼 합리적인 가격으로 내놓은 제품이다. 1998년 세계 최소, 최경량을 기록하며 등장했고, 1999년 아웃도어 전문지 〈BACKPACKER〉의 에디터스 초이스상을 수상한 높은 퀄리티의 제품이다. 2012년 현재 세계 최소나 최경량은 아니지만 그에 근접하는 경량과 크기를 자랑하며 여전히 백패커의 필수 장비로 사랑받고 있다.

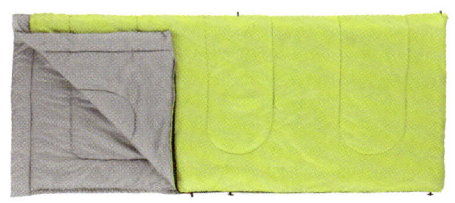

콜맨 퍼포머 39,000원

3계절용 침낭으로 기온이 15℃ 이상일 때 이상적으로 사용할 수 있다. 2개 이상 사용할 경우 서로 연결할 수 있다.

100만원으로 캠핑 장비 갖추기

필요한 제품 위주로 가격대비 성능이 좋은 장비를 구입한다면 100만원의 예산으로도 메이저급 브랜드에서 완벽한 캠핑 장비를 갖출 수 있다. 이 페이지에서 소개하는 가격은 소비자 가격으로 온오프라인 판매처나 공동구매 카페 등을 통해 더욱 저렴하게 구매할 수도 있을 것이다.

🌿 텐트 [60만원 이하]

캠핑에서 가장 기본이 되는 장비이므로 예산의 반 이상을 지출한다. 물론 메이저급 브랜드 제품이 아니라면 더 저렴한 가격으로도 구입이 가능하다. 하지만 검증된 성능과 지속적인 유지 및 관리를 위해서는 인지도가 있는 제품을 구입하기를 추천한다.

Type 1 돔형 텐트

콜맨 스크린 캐노피 돔 300 549,000원

스노우피크 어메니티 돔 468,000원

콜맨 BC 와이드 돔 325 383,000원

Type 2 거실형 텐트

이지캠프 보스턴 400 544,000원

콜맨 2룸 돔 240 529,000원

코베아 휴하우스 3 390,000원

🌿 테이블 [10만원대]

테이블은 재질과 스타일에 따라 제품이 다양해서 비교적 선택의 폭이 넓다.

콜맨 폴딩 테이블 120 97,000원

코베아 2폴딩 테이블 2 104,000원

이지캠프 툴루즈 피크닉 테이블 90,000원

🌿 침낭 [5만원대]

한겨울에는 사용하지 않는다는 것을 전제로 구입한다. 혹한을 견딜 수 있는 침낭을 구입하려면 10만원 이하의 예산으로는 어렵다.

콜맨 퍼포머 15 39,000원

이지캠프 코믹 사각침낭 47,000원

파이브텐 FT 써모콤팩트 100 50,000원대

🌿 스토브 [10만원 이하]

백패킹캠핑 시 주로 사용하는 싱글 스토브라면 10만원 이하로도 다양한 선택을 할 수 있다.

MSR 마이크로로켓 90,000원대

콜맨 F-1 파워스토브 84,000원

코베아 캠프4 호스 스토브 67,000원

🌿 그 외 [10만원 이하]

위의 기본 장비 이외에 캠퍼의 특성상 꼭 추가하고 싶은 장비를 10만원정도의 예산으로 추가한다. 추가 장비 없이 위에서 소개한 장비를 조금 더 고가로 구입해도 좋다.

500만원으로 캠핑 장비 갖추기

절대 적지 않은 예산이지만 최근 점점 커지는 장비 규모와 그에 따라 한없이 올라가는 가격에 장단을 맞추다 보면 이 정도 예산은 우습게 넘어간다. 예산이 많다고 계획성 없이 내키는 대로 구입하다 돌아보면 실속 없는 장비 구성이 될지도 모른다. 쓸데없는 낭비는 줄이고 조금 더 쾌적한 캠핑이 되도록 장비를 구성해보자.

텐트 [250만원 이하]

공간이 넉넉한 거실형 텐트를 구입한다. 쉽게 구매를 결정하기 어려운 금액이지만 가장 큰 비중을 차지하는 장비인 만큼 좋은 제품을 구매하면 추후에 불필요한 지출을 막을 수 있다.

타프 [70만원 이하]

예산이 적으면 구비하지 못하는 장비 중 하나가 바로 타프다. 필수품이 아니므로 없어도 되지만 있으면 공간이 넉넉해져 훨씬 편리한 캠핑을 즐길 수 있다.

스노우피크 랜드록 2,300,000원

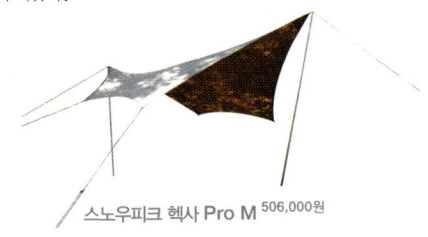

스노우피크 헥사 Pro M 506,000원

코베아 스타 게이트 2,363,000원

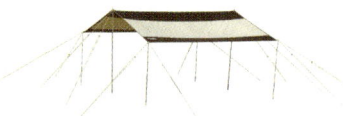

콜맨 웨더마스터 스퀘어 타프 2 665,000원

콜맨 웨더마스터 와이드 2룸 코쿤 1,790,000원

MSR 징 2 695,000원

침낭 [35만원 이하]

예산에 여유가 있다면 영하의 날씨를 견딜 수 있는 제품을 고르는 것이 좋다.

콜맨 컴포트마스터 레이어드 슬리핑백 339,000원

콜맨 2웨이 다운 컴포트 5 189,000원

콜맨 스트레치 케이맨 5 187,000원

피크닉 테이블 [45만원 이하]

일반적으로 식사를 할 수 있는 테이블로 화로대가 붙어있는 제품이 편리하다.

스노우피크 어져스터블 테이블 439,000원

콜맨 컴포트마스터 라운지롤 테이블 140 347,000원

코베아 파이어캠프 테이블 2 195,000원

키친 테이블 [50만원 이하]

기본 테이블 외에 조리용으로 키친 테이블을 구비하면 편리하게 이용할 수 있다.

스노우피크 키친 테이블 475,000원

코베아 2웨이 키친 테이블 L 2 184,000원

콜맨 컴포트마스터 원터치 키친 테이블 239,000원

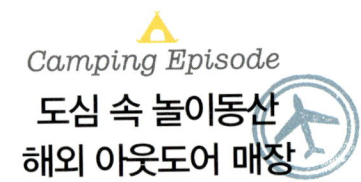

도심 속 놀이동산
해외 아웃도어 매장

해외여행을 갈 때면 어김없이 들르는 곳이 있는데 바로 아웃도어 매장이다. 하나의 브랜드가 단독 매장을 갖는 국내와는 다르게 여러 개의 브랜드가 하나의 큰 점포에 입점되어 있어 나에게는 놀이동산과도 같다. 자주 찾는 일본의 경우만 봐도 체인 형식의 대형 스포츠 매장이 많다. 건물의 한층 전체가 때로는 건물 전체가 아웃도어 용품을 판매하는 매장이다. 한 곳만 둘러봐도 다양한 브랜드와 상품을 볼 수 있어서 편리하게 원하는 물건을 구입할 수 있다. 백화점을 연상케 하는 세련된 인테리어와 조명 아래 진열된 상품을 보고 있자면 먹지 않아도 배부른 것이 무엇인지 실감할 수 있다. 이곳에서는 정장을 갖춰 입은 오피스 레이디가 아주 험난한 환경에서나 쓸법한 서바이벌 블랭킷을 점원과 상의하며 구입하는 모습이 전혀 낯설지 않다. 자못 부러운 광경이 아닐 수 없다. 이처럼 일본은 이미 아웃도어가 일상과 밀접하게 맞닿아 있는 듯한 느낌이 있다. 오사카의 한 유명한 독립 아웃도어 매장은 1924년부터 그 명맥이 이어져오고 있다. 스노우피크가 1958년 시작되었으니 그보다 30년도 더 오래된 역사를 갖고 있는 것이다. 그러니 그 노하우와 위세가 대단할 수 밖에 없다는 생각이 든다.

얼마 전 신혼여행으로 다녀온 유럽에서도 일본과 같은 체인형 대형 매장을 몇 군데 볼 수 있었는데 그 규모가 일본을 뛰어넘을 정도로 거대했다. 북미의 아웃도어 매장에는 실내에 인공암벽을 설치한 곳도 있다는데 내가 독일에서 찾은 아웃도어 매장에는 실내에 카약을 타볼 수 있는 풀이 있었다. 이렇게 매장이 거대하다 보니 큰 장비, 작은 장비를 가리지 않고 다양한 브랜드의 다양한 장비를 실제 눈으로 보고 만져볼 수 있었고 제품을 구입하는데도 많은 도움이 되었다. 우리나라도 90년대 취사, 야영금지조치가 취해지지 않았더라면 지금쯤 아웃도어 문화가 이만큼 성장해 있지 않았을까 하는 아쉬움을 남기며 발길을 돌렸다. 국내에서도 아웃도어를 즐기는 계층이 다양해지고 취향이 세분화되고 있는 만큼 기존의 모습과는 다른 매장을 볼 수 있기를 바래본다.

BEFORE CAMPING

떠나기 전부터 캠핑은 시작된다

캠핑을 떠나기로 마음먹었다면 이제부터가 시작이다. 사전준비가 철저한 캠핑은 가족이나 함께하는 일행, 또 나에게 즐거운 추억을 안겨준다. 미리 위치를 파악해 두지 않아서 이곳저곳을 헤매다 어렵사리 도착한 캠핑장에서 날씨마저 좋지 않다면 캠핑을 가자고 큰 소리 친 사람의 체면은 말이 아닐 것이다. 돌아오는 길이 막히기라도 하면 함께한 일행의 입이 댓 발은 튀어나올지도. 그 모습을 보고 싶지 않다면 지금부터 준비 시작이다.

미리 체크해야 할 것

보통 여행이나 휴가를 떠날 때 체크해야 하는 것과 별반 다르지 않다. 차를 이용해 먼 캠핑장까지 가는 경우 차량 점검이 가장 중요하다는 것을 잊지 말자.

🌿 일기예보

캠핑은 야외에서 하는 활동이므로 날씨의 영향을 많이 받는다. 특별한 경우를 제외하고는 비바람이 몰아치는 날 캠핑을 하고 싶은 사람은 아무도 없을 것이다. 캠핑을 떠나는 날짜를 결정하기 전 일기예보를 확인해 맑은 날을 고르도록 하자.

🌿 캠핑장 예약

대부분의 캠핑장이 사전 예약제를 실시하고 있다. 성수기에는 한달 전부터 예약이 꽉 차는 경우가 많다. 따라서 가려고 하는 캠핑장이 정해지면 반드시 예약을 한다. 혹 상황이 여의치 않다면 아예 예약을 받지 않는 선착순제 캠핑장을 이용한다. 이때에도 먼저 사용한 캠퍼들이 캠핑장을 떠나는 시간을 잘 계산해서 이동하거나 캠핑장 본부에 자리가 있는지 미리 연락을 하고 출발하는 편이 좋다.

🌿 이동 경로 탐색

주말이나 성수기에는 교통체증 때문에 출발부터 힘들어질 수 있다. 캠핑장이 정해지면 최단거리와 교통정보 등을 확인하여 이동 경로와 출발시간 등을 미리 정해두도록 하자. 이동 중에도 스마트폰이나 네비게이션, 라디오 등을 통해 실시간으로 교통정보를 확인한다.

🌿 차량 상태 점검

장거리 이동의 경우 차량을 미리 점검한다. 엔진오일, 타이어, 필터가 기본적으로 점검해야 할 사항이다. 자가 점검이 어렵다면 정비소에서 전문가에게 맡기도록 하자.

짐 싣기 노하우

한정된 공간에 방대한 캠핑 장비를 싣기 위해서는 요령이 필요하다. 무거운 짐을 가장 아래로 싣는 것이 일반적이지만 반드시 그래야 하는 것은 아니다. 차량 수납공간의 크기, 장비의 규모, 캠핑 스타일에 따라 다양한 방법이 있다. 아래의 내용을 참고해 경험을 쌓으며 노하우를 터득하도록 하자.

캠퍼 3인 +8인용 SUV 차량 기준

🌿 눕혀서 싣기

짐의 규모에 비해 적재 공간이 부족할 때 활용할 수 있는 방법이다. 마치 테트리스를 연상케 하는 빈 공간 메꾸기로 최소의 공간에 최대의 적재를 시도한다.

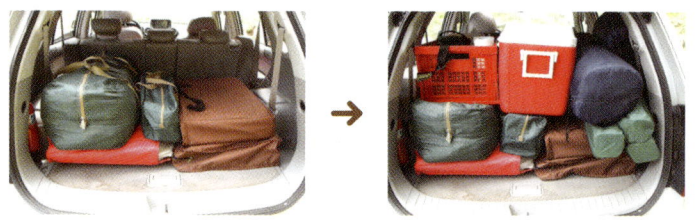

step 1 테이블이나 방수포, 매트같이 면적이 넓은 장비를 바닥에 깐다.
step 2 텐트와 타프같이 부피가 큰 장비를 차곡차곡 싣는다.
step 3 식자재 및 기타 장비가 담긴 컨테이너를 싣는다.
step 4 부피가 큰 장비를 싣고 난 뒤 빈 공간에 아이스박스와 의자, 기타 소형장비를 적재한다.

🍃 세워서 싣기

공간이 비교적 넉넉한 경우에 시도할 수 있는 방법이다. 짐을 싣고 내리기가 수월하다.

step 1   테이블이나 방수포, 매트같이 면적이 넓은 장비를 좌측에 바짝 붙여 세운다.
step 2   그 옆으로 무거운 아이스박스 등을 바짝 붙여 넣어 짐이 넘어지지 않도록 한다.
step 3   텐트, 타프, 기타 장비가 담긴 컨테일러를 그 옆에 붙인다.
step 4   의자 같은 긴 장비와 소형장비를 남은 공간에 적재한다.

CAMPER SAYS :

아무리 짐이 많더라도 백미러 시야는 확보해야 한다. 천장과 짐 사이에 한 뼘 정도의 여유공간을 남겨두는 것으로 충분하다. 비좁은 트렁크에 짐을 밀어 넣느라 천장까지 꽉 찼다면 고생스럽더라도 다시 꺼내서 점검해보자. 꼭 필요한 장비만 챙겨서 효율적으로 수납하는 습관을 들여야 한다.

WHEN YOU ARRIVED

캠핑장에 도착해서

캠핑장에 도착했다면 장비를 셋팅해보자. 먼저 텐트 칠 장소를 물색하는 것이 순서다. 장소를 선택했다면 주요 장비인 텐트를 설치한다. 힘들다고 생각할지도 모르지만 실은 캠핑의 큰 즐거움이 바로 여기에 있다. 일행과 함께 협동하여 차근차근 움직이다 보면 어느새 완성된 텐트에 큰 뿌듯함을 느낄 수 있을 것이다. 장비를 설치하기 전엔 꼭 장갑을 착용하도록 하자.

Step 1 장소 선택하기

먼저 텐트를 펼칠 장소를 골라야 한다. 최근 다양화된 캠퍼의 요구에 맞추어 하나의 캠핑장에 여러 스타일의 사이트를 구비하고 있는 곳이 많다. 사이트의 종류에는 잔디, 솔밭, 모래사장, 파쇄석, 나무 데크 등이 있는데 주변 환경, 날씨, 전망 등을 고려해 선택하도록 한다.

잔디

잔디 바닥은 푹신하지만 비가 내리면 배수가 원활하지 않아 진흙 바닥이 될 우려가 있다. 능숙한 캠퍼라면 배수로를 적절히 파내어 쾌적한 캠핑을 즐길 수도 있지만 초보 캠퍼에게는 그리 권하지 않는다.

솔밭, 모래사장

솔밭과 모래사장은 일반 흙바닥과 비슷해 보일 수 있으나 전혀 다르다. 두 바닥 모두 빗물의 배수가 용이하고 물이 잘 고이지 않으며 특히 솔밭의 경우 나무가 비를 막아주어 우천시에도 쾌적한 캠핑을 즐길 수 있다. 나무에서 떨어지는 송진만 주의한다면 더할 나위 없다.

파쇄석

주차장에서 흔히 볼 수 있는 자잘한 돌이 깔려 있는 바닥이다. 돌로 인해 지면과 텐트 바닥 사이에 약간의 공간이 생겨 냉기와 습기가 차단된다. 깔린 지 얼마 되지 않은 파쇄석의 경우 날카로운 면이 살아 있을 수 있으며 딱딱하고 이동 시 먼지가 날린다는 단점이 있다.

🌿 나무 데크

지면의 냉기와 습기 등에 영향을 받지 않지만 크기에 제약이 있다. 최근에는 국내 오토캠핑의 트렌드를 반영해 커다란 데크를 설치한 캠핑장이 늘어나고 있지만 아직 소수에 불과하다. 텐트를 설치할 때 데크용 나사용 팩을 구비하고 있어야 설치가 수월하다.

장소 선택 CHECK POINT!

편의시설 근처
취사장이나 개수대, 화장실 근처에 자리를 잡으면 편리하다. 무거운 짐을 들고 왔다 갔다 하는 에너지를 줄일 수 있으며, 한밤중에 화장실이 가고 싶어도 문제 없다. 다만 사람의 왕래가 잦은 곳이라 시끄러울 수 있다. 편리함과 조용함 중 어떤 것에 더 가치를 둘 것인지를 생각해보자.

바닥 상태
울퉁불퉁 튀어나온 곳 없이 평평한 바닥을 선택한다. 아주 약간의 경사면이라도 취침 시 불편함을 느낄 수 있다.

사람들의 왕래
조용히 독립적인 캠핑을 즐기기 원한다면 사람의 왕래가 없는 캠핑장 깊은 곳에, 왁자지껄하고 활기 넘치는 캠핑을 원한다면 다른 캠퍼가 많이 몰려 있는 곳에 자리를 잡는다.

Step 2 바닥재 깔기

텐트를 펼치기 전 먼저 지면의 냉기와 습기를 차단해 줄 그라운드시트나 방수포를 깔아야 한다. 바닥이 방수포 재질로 된 텐트의 경우 이 순서를 생략해도 좋으나 바닥재를 여러 장 깔수록 지면으로부터 올라오는 냉기와 습기의 영향이 줄어든다는 점을 생각하자.

맑은 날
텐트의 밑면적보다 넓게 방수포를 깐다. 텐트 밖으로 나온 공간에 다른 장비를 올려두면 오염을 막을 수 있다.

겨울철
여러 장의 방수포를 덧대어 지면의 냉기를 차단한다. 거실형 텐트의 경우 거실 공간까지 방수포를 깐다면 더욱 좋다.

우천시
맑은 날과는 다르게 텐트의 밑면적 밖으로 방수포가 나오지 않도록 한다. 텐트 밖으로 방수포가 나오면 그쪽으로 빗물이 새어들어가 텐트 바닥이 모두 젖는다. 텐트 면적보다 조금 더 작은 방수포를 이용하거나, 큰 방수포라면 접어서 안으로 밀어 넣는다.

Step 3 텐트 설치하기

바닥재를 깔았다면 그 위에 텐트를 펼 시간이다. 퀵형 텐트같이 순식간에 설치할 수 있는 것이 아니라면 일행과 힘을 합쳐 설치하는 것이 시간을 단축할 수 있는 방법이다. 텐트는 브랜드와 모델에 따라 설치하는 방법이 상이하다. 아래의 예시를 확인해 일반적인 순서와 방법을 눈으로 익힌 뒤 자신이 갖고 있는 텐트로 직접 시도해보자.

*예제 텐트 : 콜맨 2룸 돔 240

① 텐트의 구성물품이 모두 있는지 확인한다.

② 이너텐트를 방수포 위에 펼치고 네 귀퉁이에 팩을 박는다.

③ 텐트의 지정된 터널에 폴대를 집어 넣는다.

④ 텐트를 당겨서 세운 다음 폴대의 끝을 지정된 홈에 집어 넣으면 이너텐트가 완성된다.

⑤ 이너텐트 위에 플라이를 씌운다.

⑥ 플라이의 지정된 터널과 구멍에 폴대를 집어 넣는다.

⑦ 플라이를 당겨서 세운 다음 폴대의 끝을 지정된 홈에 넣으면 거실형 텐트가 완성된다.

⑧ 플라이에 스트링을 연결해서 바닥에 고정시키면 좀 더 튼튼하게 설치할 수 있다.

텐트 설치 CHECK POINT!

1. 많은 브랜드에서 설치가 용이하도록 폴대와 해당 폴대가 들어갈 구멍을 동일한 색으로 표시하고 있다. 이를 잘 확인하도록 하자.

2. 마지막에 스트링 연결을 생략할 경우 텐트가 팽팽하게 펴지지 않고 주름이 져서 비가 고이거나 바람에 텐트가 밀려 위험해질 수 있다. 팽팽한 텐트가 외관상으로도 보기 좋으니 이 작업을 반드시 하도록 한다.

3. 팩을 박고 폴대를 끼우는 것이 아니라 폴대를 끼우고 팩을 박을 수도 있다. 먼저 팩을 박고 작업을 하면 설치 중 바람이 강하게 불어도 텐트가 움직이지 않으므로 이 순서를 추천한다.

Step 4 타프 설치하기

타프와 텐트의 설치 순서는 바뀔 수 있다. 텐트를 먼저 설치했다면 위치와 방향을 고려해 타프를 설치하자. 타프는 형태와 크기를 막론하고 대부분 설치 방법이 비슷하다.

*예제 타프 : 콜맨 XP 헥사 타프 S

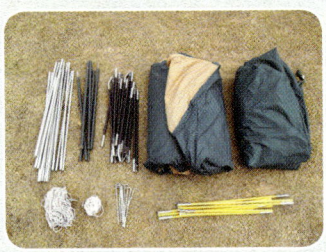

① 타프의 구성물품이 모두 있는지 확인한다.

② 장소를 정하고 타프를 펼친다.

③ 타프 가장자리에 위치한 리벳에 스트링을 묶는다.

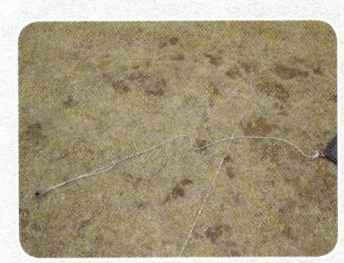

④ 스트링을 적당한 길이로 조절한 다음 바닥에 팩을 박아 고정한다.

⑤ 스트링을 묶은 리벳의 사이에 위치한 리벳에 폴대를 끼우고 스트링을 당겨 폴대를 세운다.

⑥ 반대편에도 폴대를 끼우고 스트링을 당겨 폴대를 세운다.

⑦ 스트링 길이를 조절해 타프를 팽팽하게 고정한다.

타프 설치 CHECK POINT!

1. 날씨가 덥거나 비가 올 때는 타프를 먼저 설치해서 자외선이나 비를 피할 곳을 만든 다음에 텐트를 설치한다.

2. 폴대를 먼저 세우고 팩을 박아도 된다. 일행이 있을 경우 먼저 한 사람이 폴대를 세우고 다른 사람이 팩을 박으면서 스트링을 당겨서 설치 시간을 단축할 수 있다.

3. 타프의 기본 구성에 포함된 것 외에 추가로 폴대를 구입해 천장을 더욱 높이 설치할 수 있다.

4. 바닥에 팩을 박을 수 없거나 여분의 폴대가 없는 경우에는 근처의 지형을 이용해 나무나 돌 등에 스트링을 묶어서 타프를 설치할 수 있다.

텐트와 타프 배치 방법

캠핑은 정해진 규칙이 없기 때문에 재미있다. 텐트와 타프의 구성도 일반적으로 많이 활용되는 방식이 있을 뿐, 꼭 이렇게 해야 한다는 법칙은 없다. 초보 캠퍼는 아직 경험이 많이 없으므로 다른 캠퍼가 하는 방식을 참고하면 좋다. 하지만 어느 정도 경험과 연륜이 쌓이기 시작하면 그것에 얽매이지 말고 다양한 배치 방법을 시도해 보도록 하자.

1 2 3

1. 거실형 텐트 단독 설치

거실형 텐트는 그 자체만으로도 '돔형 텐트 + 타프'의 구성을 뛰어넘는다고 할 수 있다. 개인적인 공간을 확보하는 것은 물론 거실 공간을 개방하면 타프처럼 활용할 수 있는 제품도 있다.

2. 돔형 텐트 단독 설치

실제 초보 캠퍼들이 많이 시도하는 방식이다. 타프가 없어서 무더운 여름에는 힘들 수도 있지만 나무 그늘을 이용하는 등 주변의 자연을 이용한다면 충분히 쾌적한 캠핑을 즐길 수 있다.

3. 돔형 텐트 + 타프

거실형 텐트를 선뜻 구입하기가 부담스러운 초보 캠퍼라면 먼저 돔형 텐트를 구입한 다음 타프를 추가로 구입해 이와 같은 구성으로 즐길 수 있다. 헥사 타프를 낮게 설치하면 측면에서 불어오는 바람을 막을 수 있을 뿐만 아니라 타인의 시선도 차단해주어 프라이버시를 지킬 수 있다.

4

4. 거실형 텐트 + 타프

거실형 텐트로도 공간이 부족하다고 느껴지면 타프를 설치한다. 텐트에서 음식을 조리하고 타프에서 식사를 하는 등 다양한 공간 활용이 가능하다.

5. 타프 단독 설치

반드시 텐트를 쳐야 한다는 법은 없다. 텐트 설치가 귀찮다면 타프만으로도 충분히 휴식을 취할 수 있다. 헥사 타프의 경우 주변 지형을 다양하게 활용할 수 있어서 더욱 좋다.

6. 렉타 타프 + 스크린

최근 국내 오토캠핑 마니아 사이에서 유행하고 있는 방식이다. 거실형 텐트보다 저렴한 가격으로 더 넓은 공간을 확보할 수 있다. 스크린 내에 작은 돔형 텐트를 추가로 설치하면 좀 더 편리한 캠핑을 즐길 수 있다.

7. 헥사 타프 + 프론트월

보통 타프 액세서리는 렉타 타프에 집중되어 있다. 최근 헥사 타프 액세서리도 생겨나고 있는데 그 중 하나가 프론트월이다. 헥사 타프의 취약점인 앞에서 불어오는 바람을 차단하기에 적합하다.

캠핑장 꾸미기

텐트와 타프의 설치가 완료되었다면 캠핑 가구와 물품을 정리하자. 정해진 방식이 있는 것이 아니므로 캠퍼 각자가 경험을 통해 자신에게 편리한 구성을 찾으면 된다.

🌿 텐트 안 채워 넣기

텐트 설치가 완료되면 귀중품, 취침도구, 기타 바닥에 닿으면 안 되는 장비를 내부에 넣는다. 캠핑장은 수많은 사람이 오가는 곳이고 텐트는 지퍼만 열면 누구나 출입할 수 있으므로 안에 넣어두었다고 안심하고 자리를 비우지는 말자. 정말 중요한 귀중품은 항상 몸에 소지한다.

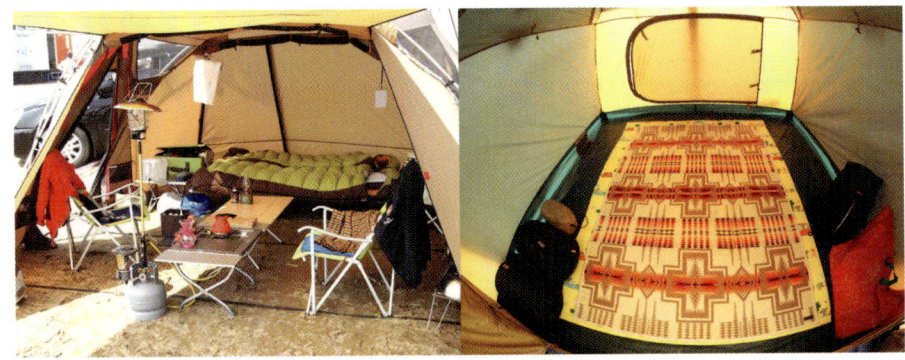

1. 자동차 열쇠나 핸드폰같이 잃어버리기 쉬운 작은 물건은 텐트 내부 측면에 있는 포켓에 넣어두면 편리하다.
2. 개인 소지품이 담겨있거나 무거운 가방은 텐트 안쪽 가장자리에 놓는다. 내부 공간을 넓게 활용할 수 있고 도난의 위험에 대비할 수 있으며 가장자리에 하중을 두어 텐트가 바람에 더욱 강하게 버틸 수 있다.
3. 자주 사용하는 물건은 텐트 입구 가까이에 두어 안으로 들락날락 하는 수고를 줄인다.
4. 랜턴은 텐트 천장 중앙부에 위치한 랜턴 걸이에 걸어두면 빛이 골고루 분산된다.
5. 침낭을 펼 때는 머리가 출입구 반대편에 위치하도록 두어야 텐트를 드나들기가 편하다.

🌿 타프 밑 채워 넣기

타프 밑을 꾸밀 때는 어떤 용도로 사용할지를 먼저 정해야 한다. 보통 인원수를 고려해서 주방 혹은 휴식 공간으로 꾸밀 수 있으며 용도에 따라 가구의 구성도 달라진다.

텐트 : 조리 공간 | 타프 : 식사 공간
바람이 부는 날에는 실외활동이 불편하므로 이런 구성으로 꾸며보자. 식사를 할 때는 약간의 바람이 있는 편이 오히려 쾌적할 수 있다. 보통 거실형 텐트의 거실 공간에서 음식을 조리하고 타프 밑에 설치한 테이블에서 식사를 한다.

타프, 야외 : 조리 공간 | 타프 : 식사 공간
텐트 안에서 조리를 하기에 더운 날씨라면 타프 밑에서 조리와 식사를 동시에 해결한다. 만약 타프의 높이가 낮아 조리기구의 열이 전달될 것이 걱정된다면 타프 밖에서 조리를 하고 타프 밑에서 식사를 하는 것도 좋다. 화로대에서 식사를 할 때도 마찬가지다.

Special Note 04 : 지구를 덜 아프게 하는 방법 ECO!

지구 위의 모든 생명체가 그렇지만 특히 캠퍼는 숙명적으로 자연에게 많은 것을 빚지고 있다. 자연을 잠시 빌려 쓴다는 생각을 잊지 말고 환경에 악영향을 미치는 행위는 최대한 줄이도록 노력하자. 알고 보면 거창한 행동 없이도 할 수 있는 것이 많다.

일회용품 사용 줄이기

일회용 컵이나 나무 젓가락은 환경은 물론 건강에도 좋지 않다. 종이컵을 코팅한 재질은 뜨거운 물에 장시간 노출되면 환경호르몬이 녹아 나올 수 있다. 나무 젓가락을 표백하는 성분에는 인체에 유해한 것이 많이 포함되어 있다. 건강을 위해서 환경을 위해서 일회용품 사용을 자제하도록 하자.

개인 식기 사용하기

조금 번거롭더라도 개인 식기를 준비하도록 하자. 일회용품이 난무한 캠핑장에서 주목을 받게 될지도 모른다. 캠핑장에서는 때때로 소주잔이나 젓가락도 훌륭한 액세서리가 될 수 있다. 위생을 챙기는 것은 물론 나만의 개성을 드러낼 수 있으며 환경까지 보호할 수 있으니 1석 3조다.

비닐 포장 재활용하기

캠핑 장비는 보통 겹겹이 비닐 포장되어 있다. 장비를 보호하기 위함도 있지만 때로는 과하다고 생각되기도 한다. 과대 포장을 하지 않는 것이 비닐의 생산과 폐기가 환경에 끼치는 악영향을 줄이는 근본적인 방법이지만, 이미 생산된 경우에는 어떻게 하는 것이 좋을까? 비닐을 버리지 말고 여러 용도로 재활용하자. 캠핑 장비를 구입하면 나오는 비닐을 크기 별로 모아두었다가 짐을 꾸릴 때, 봉투가 필요할 때 활용하자. 이런 작은 변화로도 환경을 지킬 수 있다.

CAMPING SKILL

알아두면 유용한 캠핑 스킬

모든 것이 갖추어져 있는 일상과는 다르게 캠핑장에서는 낯선 환경에서 새로운 장비를 사용해야 한다. 이때 필요한 것이 바로 다음에 소개하는 캠핑 스킬이다. 그리 어렵지 않으며 누구나 쉽게 배울 수 있지만 모른다면 애를 먹을 지도 모른다. 캠핑 스킬을 익혀두는 것만으로도 초보 캠퍼의 티를 말끔하게 벗어 던질 수 있을 것이다.

매듭법 완전 정복

매듭법을 몰라도 텐트와 타프의 설치가 가능하도록 돕는 스트링과 스토퍼가 동봉된 제품이 많다. 하지만 가끔씩 스토퍼로도 해결할 수 없는 상황이 발생하는데 이때 간단한 매듭법을 익혀두면 빛을 발한다. 실질적으로 자주 사용하며 쉽고 빠르게 배울 수 있는 매듭법 4가지를 확인해보자.

두줄 옭매듭 Overhand Loop Knot

옭매듭은 가장 기본적인 매듭법으로 마무리 단계에서 주로 활용한다. 하나의 스트링을 두 겹으로 접어 묶은 것을 두줄 옭매듭이라고 하며 타프나 텐트에 스트링을 고정할 때 활용한다.

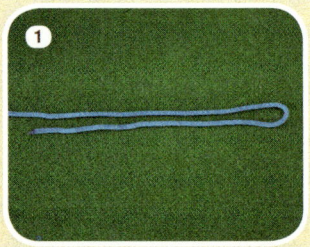

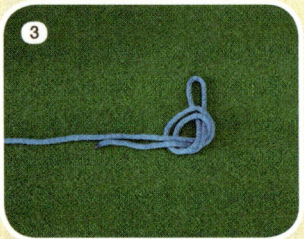

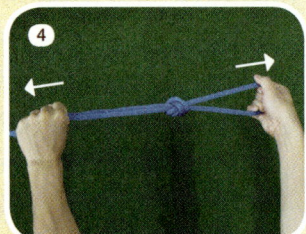

터벅 매듭 Tarbuck Knot

고정된 물체에 스트링을 묶을 때 사용하는 매듭법이다. 줄 길이를 자유롭게 조절할 수 있어 편리하다. 보통 텐트나 타프를 설치할 때 활용하지만 최근에는 스토퍼가 역할을 대신하는 경우가 많다. 하지만 스토퍼를 분실하는 경우도 있으므로 알아두면 요긴하게 사용할 수 있다.

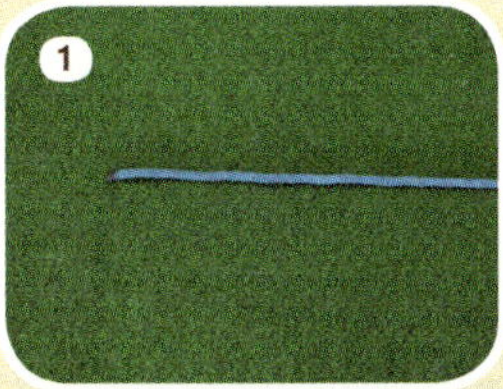

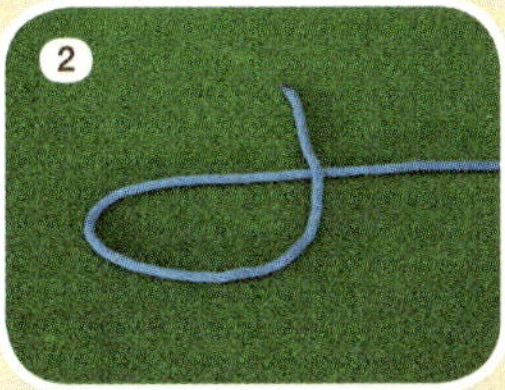

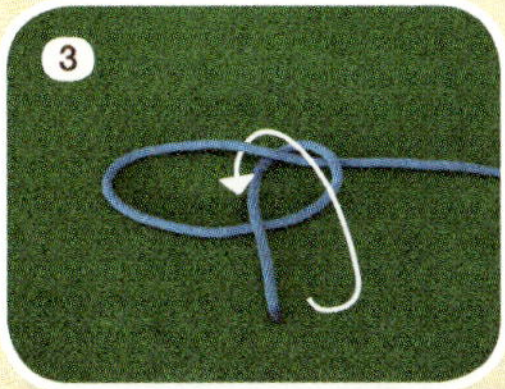

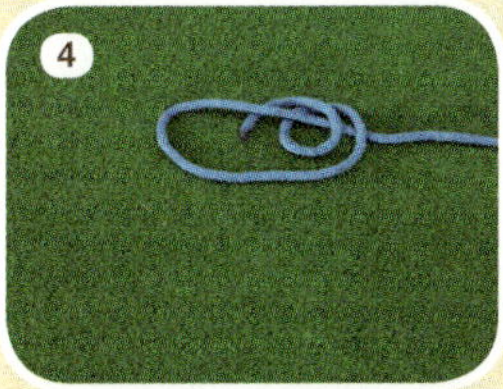

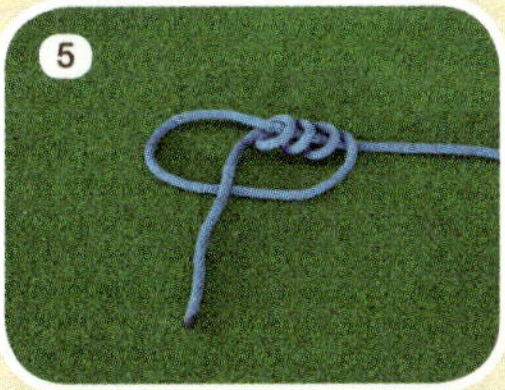

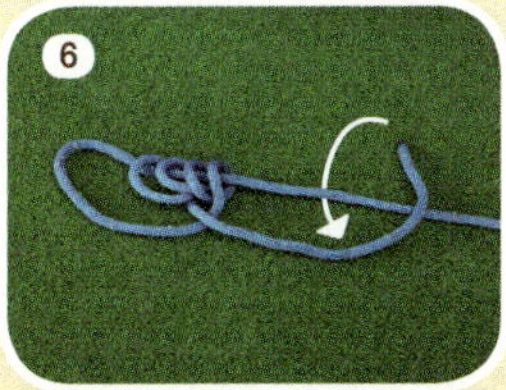

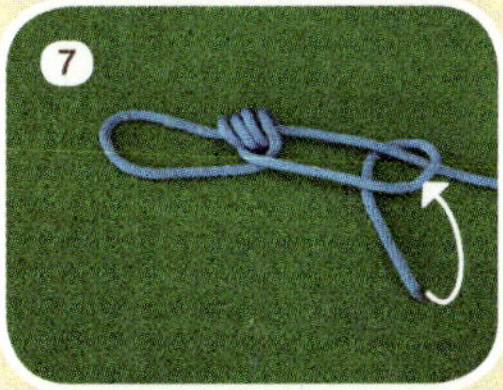

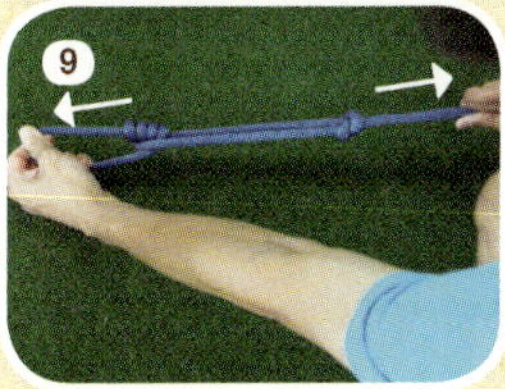

스토퍼
매듭법을 사용하지 않고 스트링을 고정할 때 사용하는 장치

보우라인 매듭 Bowline Knot

나무나 돌 같이 고정된 물체에 스트링을 묶을 때 주로 사용한다. 튼튼하지만 한번 묶은 뒤에는 길이 조절이 어렵다. 타프나 빨랫줄처럼 스트링 양 끝을 묶어야 할 경우 보통 한쪽에는 보우라인 매듭을, 한쪽에는 터벅 매듭을 사용한다.

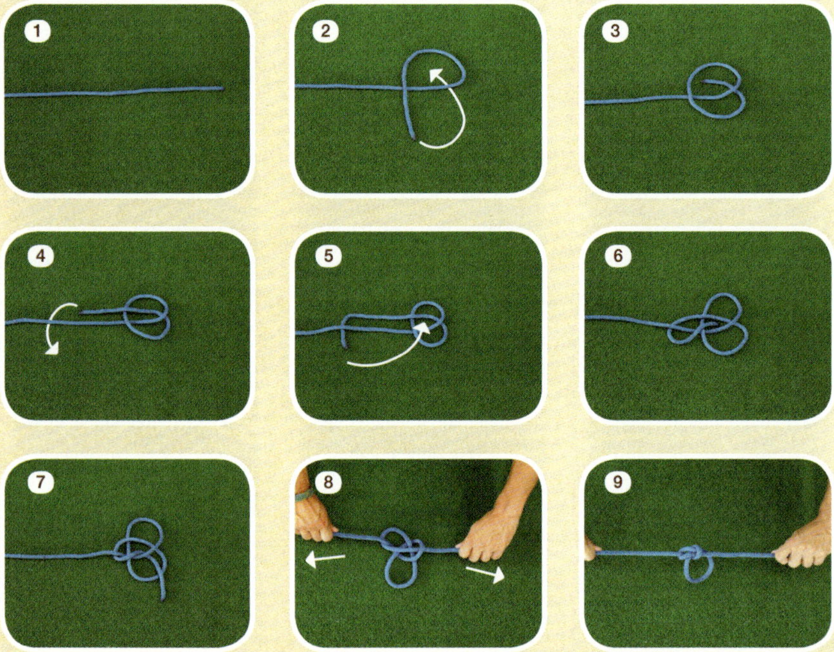

피셔맨즈 매듭 Fisherman's Knot

두 개의 스트링을 연결할 때 사용한다. 스트링이 당겨질수록 더욱 견고하게 묶이므로 오랫동안 튼튼하게 고정시킬 수 있다.

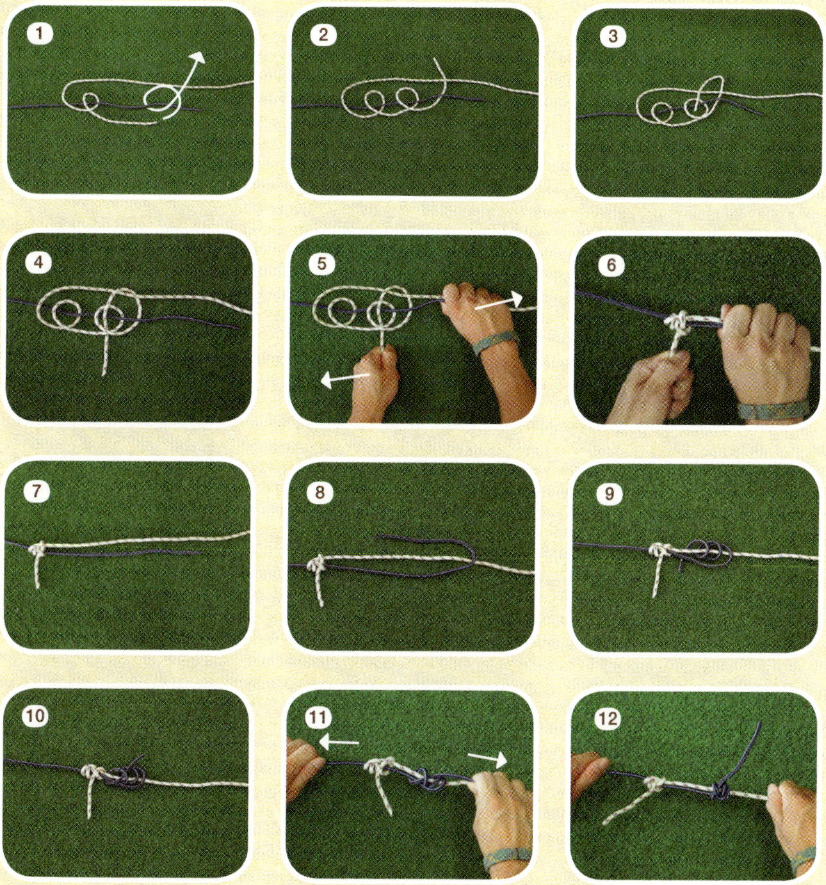

불 피우는 법

보온을 위해, 맛있는 바비큐를 위해, 한밤중의 분위기를 위해 캠핑장에서 불은 꼭 필요한 요소다. 하지만 아무리 훌륭한 장작을 준비했어도 불 피우는 요령이 없다면 한참을 애먹기 마련이다. 나무장작이나 숯은 한번 불을 피우면 오래가지만 처음 불을 붙이기는 어렵다. 다음의 내용을 숙지해 멋지게 불을 피워보도록 하자.

🌿 모닥불 피우기

화로대 아래쪽 숯마루 위에 타기 쉬운 종이나 얇은 나뭇가지를 포개어 올린 뒤 그 위에 숯이나 장작더미를 올린다. 토치나 라이터로 아래쪽에 불을 붙인 다음 부채질을 하며 불이 숯이나 장작에 잘 옮겨 붙도록 한다. 최근에는 라이터로 간단히 불을 붙일 수 있는 번개탄이 포함된 숯을 마트나 슈퍼에서 쉽게 구할 수 있다. 번개탄을 이용할 경우 아래쪽에 번개탄을 놓고 그 위에 숯을 올려 불을 붙인다.

🌿 차콜스타터 활용하기

캠핑의 백미인 바비큐 요리를 위해서는 숯을 잘 달궈야 한다. 숯은 오랫동안 지속적으로 열을 가해야 불이 붙기 때문에 초보 캠퍼에게는 여간 어려운 일이 아니다. 그럴 때 차콜스타터를 이용하면 좋다. 차콜스타터는 토치와 같은 화기구가 숯에 직접적으로 닿을 수 있도록 설계된 통으로 바람의 순환이 잘 된다. 차콜스타터에 숯을 채우고 아랫쪽 구멍에 토치의 화구를 넣어 가열하면 쉽게 불이 붙는다. 불이 붙은 뒤에 숯을 화로대로 옮긴다.

CAMPER SAYS :
캠핑장에서 얻은 장작은 덜 마른 것이 많아서 불을 붙일 때 어려움을 겪는다. 이때 이미 불이 붙은 화로대 근처에 장작더미를 쌓아 올리면 건조가 잘 되고 보기에도 좋다. 잘 건조된 장작은 빠르게 연소하며 연기 배출량이 적다.

응급상황 대처법

캠핑장에서는 때때로 안전사고가 발생한다. 그 중 대부분은 적절한 대처를 실시하면 큰 사고를 막을 수 있는 것이므로 구급상자를 반드시 챙기고, 대처 요령을 숙지할 것을 권한다. 위생적이지 못한 환경에서 비검증된 의료 행위를 하기보다는 빠른 응급처치 후에 가까운 병원으로 안전하게 이동하도록 하자.

타박상, 염좌, 골절

캠핑장에서 뛰어다니다가 줄에 걸려서 넘어지는 일은 다반사다. 큰 사고로 이어지기도 하는데 타박상이나 염좌, 골절이 발생한다. 특정부위가 멍이 들며 부상자가 견딜 수 있는 정도의 아픔을 느낀다면 가벼운 타박상이라고 볼 수 있으나 극심한 고통을 호소하면 염좌나 골절을 의심해본다. 이때는 환부를 냉찜질하며 가능한 그 부분이 흔들리지 않도록 고정한 다음 가까운 병원으로 이동해 정밀 검사를 받는다.

찰과상, 절상, 자상

상처의 크기와 상처를 입힌 물건의 재질이 중요하다. 스테인리스나 알루미늄 등의 철재류에 의해 절상을 입었을 경우 파상풍에 감염될 위험이 있다. 재빨리 상처를 흐르는 물로 씻어낸 다음 지혈하고 가까운 병원으로 이동한다. 이때 계곡물로 상처 부위를 닦아내는 것은 위험하다. 과산화수소나 포비돈 요오드용액과 같은 소독약이 있다면 그것으로, 없다면 생수나 수돗물로 환부를 씻어낸 뒤 깨끗한 천으로 가볍게 압박해 지혈한다. 날카로운 물건이 박히거나 관통한 경우 기본적으로 빠르게 제거하는 것이 좋지만, 간단히 제거할 수 없는 경우에는 가볍게 소독과 지혈을 한 다음 그대로 빨리 병원으로 이동한다.

화상

사고를 예방하기 위해 먼저 화로대나 버너를 안정적으로 설치한 후 그 주변을 위태롭게 뛰어다니는 아이가 있다면 엄하게 주의를 준다. 민간 요법으로 소주나 된장, 감자 등으로 응급처치를 하는 경우가 있는데 2차 감염을 일으킬 수 있으므로 절대 하지 않는다. 시원하고 깨끗한 물이나 소독약으로 환부를 씻어내고 빠르게 병원으로 이동한다. 얼음을 직접적으로 환부에 대거나 수포를 터뜨리는 등의 행동은 옳지 않다. 화상은 흔적이 남을 수 있으므로 섣부른 대처를 자제하고 간단한 응급처치 후 병원으로 빠르게 이동하는 것이 가장 중요하다.

ACCORDING TO THE WEATHER

날씨별 캠핑 노하우

보통 비가 오거나 눈이 올 때 캠핑을 꺼려 하지만 생각하기에 따라서는 빗속의 캠핑이, 눈 속의 캠핑이 색다른 즐거움을 안겨 줄 수도 있다. 물론 폭우나 폭설의 경우에는 자제해야 하지만 가벼운 비와 눈 속에서의 캠핑은 경험해볼만 하다. 사시사철 똑같은 날씨에 캠핑을 하는 것이 지겨워졌다면 다음을 눈여겨보자.

우중 캠핑

처음부터 빗속에서 하는 캠핑을 계획하고 떠나는 캠퍼는 드물 것이다. 하지만 언제고 예기치 못한 비를 만날 수 있기 때문에 우중 캠핑에 대한 내용을 미리 숙지해 두는 것이 좋다. 벼르고 별러 캠핑 날짜를 정하고, 캠핑장 예약까지 마쳤는데 당일 예기치 못한 비가 내린다고 해서 캠핑을 포기할 순 없다. 물론 강한 비바람이 부는 경우에는 자제해야 하지만 약한 비라면 캠핑을 감행해 볼 것을 권유한다. 우중 캠핑은 그 나름의 특별한 재미가 있다. 타프 위로 떨어지는 빗소리를 들으며 즐기는 커피 한 모금은 굳이 빗속을 뚫고 캠핑을 선택한 캠퍼에게만 주어지는 특권이다.

캠핑 장비의 방수성능을 확인한다

우중 캠핑을 한다면 자신이 소유한 텐트의 방수성능을 가장 먼저 확인한다. 보통 텐트 내부 혹은 케이스 내부에 방수와 내수압 등이 기록되어 있다. 캠핑을 떠나는 날 내리고 있는 비의 강수량을 체크해 자신의 장비로 감당이 가능한지 확인한다. 국내에서 판매되는 제품의 경우 1,500mm이상의 비를 감당할 수 있도록 설계되어 일반적으로 내리는 비에는 큰 문제가 없다.

텐트의 밑면적보다 작은 방수포를 설치한다

큰 방수포의 경우 접어서 텐트 안쪽으로 넣는다. 텐트 밖으로 방수포가 나오면 그쪽으로 빗물이 새어들어가 텐트 바닥이 모두 젖는다.

빗물이 고이지 않도록 타프를 설치한다

비와 바람의 방향을 고려해 설치한다. 빗물이 잘 고이지 않는 위치를 선정하며 배수가 잘 되는 쪽으로 물이 흐르도록 타프의 한쪽 면을 기울여서 설치하도록 한다.

텐트 근처에 배수로를 만든다

물이 흘러갈 길을 만들어 주어야 텐트까지 빗물이 차지 않는다. 텐트와 조금 떨어진 위치에 위에서 아래로 배수로를 만든다.

캠핑을 마친 다음 장비를 완벽하게 건조시킨다

캠핑을 마치면 되도록 빠르게 철수하고 돌아와서는 장비를 완벽하게 건조시킨다. 날이 맑으면 야외에 텐트를 설치해 직사광선 아래에서 건조와 소독을 한다.

설중 캠핑

다소 어렵고 위험하게 느낄 수 있지만 난방 장비만 갖추고 있다면 누구나 즐길 수 있다. 설중 캠핑의 참맛을 모르는 이들은 고개를 절레절레 흔들지도 모르지만 차가운 바깥 공기와는 다른 침낭의 포근함과 눈 뜨자마자 볼 수 있는 텐트 밖 새하얀 풍경은 황홀함을 안겨준다.

텐트와 타프에 눈이 잘 쌓이지 않도록 설치한다

눈이 잘 쌓이지 않는 위치를 선정하고 한쪽 면을 기울여 설치하는 등 텐트나 타프에 눈이 잘 쌓이지 않도록 한다. 눈이 모이면 무시할 수 없는 무게가 되어 이로 인해 텐트가 무너질 수도 있다. 계속해서 눈이 내린다면 수시로 천장을 쳐서 눈을 털어낸다.

설중 캠핑은 보온이 최우선이다

추운 겨울에 행해지는 설중 캠핑은 무엇보다 텐트 내부의 온도를 유지하는 것이 중요하다. 취침 전에 난로를 이용해 실내 온도를 높이고 두꺼운 의류나 모포 등을 이용해 체온을 유지한다. 낮에는 난로를 거실형 텐트의 중간에 설치해 열기가 고루 퍼지도록 하고, 밤에는 이너텐트 가장자리로 옮긴다. 이때 난로의 열기가 텐트를 손상시키지 않는지 각별히 주의한다. 취침 시에는 침낭을 단단히 여며 수면 중 체온을 뺏기지 않도록 한다.

보온만큼 중요한 것이 환기다

환기는 생명과 직결된 사항으로 반드시 유의해야 한다. 국내에서 판매되는 텐트는 벌레의 침입을 막기 위해 스커트가 설치된 경우가 많은데 이 경우 환기가 어렵다는 단점이 있다. 견디기 힘들만큼의 강추위가 아니라면 문을 일부 열어두거나, 따로 환기하는 시간을 갖도록 하자. 특히 취침 시 난방기구를 사용한다면 환기 구멍을 반드시 확보해야 한다.

텐트에 결로현상이 생길 수 있다

결로현상은 실내외의 높은 온도차로 인해 지면의 수분이 증발하여 텐트에 물방울로 맺히는 현상을 말하며 제품의 불량 여부와는 상관이 없다. 결로현상이 발생하면 즉시 마른 수건으로 닦아낸다. 거실형 텐트의 경우 거실 공간에 방수포를 깔아 지면의 수분이 증발하는 것을 막는 것으로 어느 정도 해결이 가능하다. 잦은 환기 또한 결로현상을 예방한다.

캠핑을 마친 다음 장비를 완벽하게 건조시킨다

우중 캠핑과 마찬가지로 캠핑을 마치고 나면 빠르게 철수하고, 돌아와서는 장비를 완벽하게 건조시킨다. 되도록 직사광선 아래에서 건조와 소독을 함께 하는 것이 좋다.

CAMPING PLAY GUIDE

캠핑 놀이 가이드

캠핑장에서는 모든 것이 놀이가 된다. 때로는 테마를 정해 특별한 체험을 하기도 하지만 사실 캠핑 그 자체만으로도 충분한 신체 활동이 된다. 밥 먹고 잠만 자려 해도 집을 짓고, 주방 공간을 만들고, 잠자리까지 정리해야 하니 집이면 의식 없이했을 일상적인 행동도 캠핑장에서는 특별한 경험이 된다. 굳이 특별한 활동을 해야 한다는 강박관념을 갖기 보다는 평범한 행동이 캠핑장에서 어떻게 더욱 즐거워질 수 있는지를 경험해보도록 하자.

대화

사실 대화가 무슨 특별한 놀거리냐고 반문하는 이도 있을 것이다. 언제 어디서든, 옆에 나 이외에 다른 한 사람만 있으면 할 수 있는 것이 아니냐고. 하지만 감히 캠핑장에서의 대화는 특별하다고 말하고 싶다. 우선 장소부터가 다르지 않은가. 도심에서의 캠핑일지라도, 텐트가 없는 캠핑일지라도, 야외로 놀러 온 것에 대한 설렘과 캠핑을 한다는 들뜸이 겹친 특별한 분위기가 있다. 바람이라도 시원하게 불어준다면 더할 나위 없이 좋다. 캠핑장에서의 대화 상대는 함께 온 일행일 수도 있고, 오늘 처음 만난 옆자리 캠퍼일 수도 있다. 동일한 취미를 가진 이와의 대화는 끝없이 이어진다. 서로의 장비를 궁금해하며 시작한 대화는 날이 어두워지며 좀 더 속 깊은 대화로 이어질 수도 있다. 생각해보면 캠핑이 아니라면 생면부지 타인과 이렇게 오랜 시간 곁에 붙어 이야기를 나눌 수 있는 시간이 얼마나 될까. 캠핑에서의 대화는 친구와 더욱 가까워지는 마법과도 같은 비밀이 숨어 있다. 어스름한 밤, 타들어 가는 장작을 바라보며 깊은 이야기를 나누는 시간이 더욱 빛나는 것은 그곳이 캠핑장이기 때문일 것이다.

독서

책 한 권 읽기도 빠듯한 나날의 연속이었다면 캠핑을 가자. 캠핑장에서는 여유롭게 책 읽을 시간을 허락 받을 수 있다. 야외에 나왔으니 무언가 활동적인 놀이를 해야 한다는 강박관념을 가진 캠퍼도 간혹 있다. 하지만 그보다 평소 하지 못했던 것을 하면서 넉넉한 시간을 갖는 것에 집중해보면 어떨까? 반드시 책을 읽어야 하는 것은 아니지만 이만큼 책 읽기 좋은 장소를 찾을 수도 없으니 말이다. 평소 읽고 싶었던 책 한두 권쯤 챙겨서 간다 해도 티가 날만큼 짐이 늘어나지도 않는다. 오히려 무료한 시간을 구원받을지도. 신선한 타프 그늘 아래서 리조트 체어에 앉아 책을 읽거나, 해먹을 설치해 그 안에서 책을 읽는다. 읽다가 스르륵 잠이 들면 그것만큼 맛있는 낮잠도 없다. 책을 소설에 한정 짓지는 말자. 가벼운 잡지도 좋다. 산들산들 불어오는 바람에 책장이 살랑살랑 넘어간다.

영화 감상

최근 60인치 이상의 화면을 출력할 수 있는 포터블 프로젝터가 출시되면서 캠핑장에서 영화를 보는 것이 유행이다. 다른 캠퍼에게 방해가 될 수 있기에 캠핑장 안쪽 한적한 곳에서 보는 것이 좋은데, 그 때문에 분위기는 더욱 오붓해진다. 일행들의 성향에 따라 액션, 드라마 어느 장르든 좋다. 중요한 것은 캠핑을 와서 모두가 함께 영화를 본다는 것이니까. 서서히 어둠이 깔리는 고즈넉한 저녁, 새하얀 스크린에 그려지는 영화를 보고 있노라면 마음 가득 차오르는 특별한 기분을 느낄 수 있을 것이다.

CAMPER SAYS :
포터블 프로젝터는 담뱃갑 정도 크기의 본체에 휴대가 용이한 프로젝터다. 낮은 해상도와 어두운 렌즈를 갖고 있지만 어두운 밤에 영화 감상을 하기에는 충분하다. 내장 배터리의 용량이 낮아 영화 한편의 재생이 빠듯할 수도 있어 보충 배터리를 갖추고 있거나 전기를 사용할 수 있는 캠핑장에서 사용하기 적합하다. 포터블 프로젝터를 갖고 있지 않더라도 렌탈 업체에서 간단하게 빌릴 수 있다. 인터넷 검색창에 '프로젝터 렌탈'로 검색해보자.

사진 찍기

캠핑 장비만으로도 부담스러워서 제대로 된 카메라 장비를 챙기기 힘들 수도 있다. 장비를 설치하느라 정신이 없어서 사진을 찍을 여유가 없을 수도 있다. 하지만 캠핑장에서는 좋은 장비로 의식해서 좋은 사진을 찍으려 애쓰기보다는 핸드폰 카메라로 순간순간을 포착해보는 것이 어떨까. 내가 봐도 기가 막히게 팽팽하게 쳐진 텐트나 타프, 보기 드물게 요리를 하는 친구, 해먹에 한가로이 누워 있는 나 자신을 찍어 트위터나 페이스북 같은 SNS에 올려 실시간으로 지인들에게 자랑을 할 수도 있다. 친구들의 부러움 섞인 댓글은 물론이요 생각지 못하게 근처에 있던 친구가 놀러올지도 모를 일이다. 사실 실시간 자랑보다 더 좋은 것은 시간이 지난 후 바쁜 일상 속에서 이따금 캠핑이 그리워지면 핸드폰 앨범에서 손쉽게 사진을 볼 수 있다는 점이다.

야외 활동

텐트를 나서면 곧바로 드넓은 야외가 펼쳐진다. 평소 운동장에서나 할 수 있었던 온갖 활동적인 놀이를 마음껏 할 수 있는 시간이 바로 캠핑이다. 글러브나 야구공을 챙겨가 캐치볼을 하거나 배드민턴을 치고, 족구도 할 수 있다. 요즘 천원숍을 가면 부메랑이나 캐치볼 놀이기구가 많이 나와 있는데 부담 없이 구입해 마음껏 즐겨보자. 아이가 있는 가족에게 이보다 좋은 놀이는 없을 것이다.

Special Note 05 : 캠핑 매너에 대하여

캠핑은 자유로운 야외활동이지만 불문율처럼 통용되는 규칙이 존재한다. 사회의 기본적인 매너와도 같지만 때때로 어떤 캠퍼들은 이를 간과하기도 한다. 내가 타인에게 불편한 감정을 느끼고 싶지 않은 만큼 다른 캠퍼도 동등하게 즐거운 캠핑을 즐길 수 있도록 캠핑 매너에 대해 알아보도록 하자.

지나친 근접 설치는 피한다

야외에서 호젓한 시간을 즐기는 중 생면부지 타인이 갑작스레 가까이 다가온다면 별로 달갑지 않을 것이다. 게다가 주변에 넓은 공간이 있는데도 말이다. 공간의 여유가 있다면 텐트를 지나치게 바짝 붙여 설치하는 것은 피해야 한다. 만약 장소를 지정해 주는 캠핑장이거나 도저히 다른 곳에 자리가 없다면 먼저 주변 캠퍼에게 양해를 구한 다음 설치하도록 하자.

소음을 내지 않는다

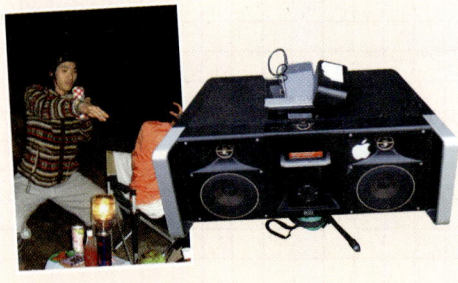

캠핑장에서는 어두워지면 모든 음량을 줄여야 한다. 음악은 물론이요 이야기를 나누고 있다면 목소리를 낮춘다. 밤뿐만 아니라 낮에도 주변 캠퍼가 불편할 정도의 소음을 내지 않도록 신경 써야 한다.

아이와 반려동물을 항상 확인한다

아이와 반려동물이 비교적 자유롭게 뛰어 놀 수 있지만 이 또한 다른 캠퍼를 방해하지 않는 선에서 이루어져야 한다. 자칫 신경을 쓰지 않았다가는 다른 캠퍼에게 피해를 주는 것은 물론 안전사고로 이어질 수 있으니 반드시 보호의 눈길을 놓지 말자.

불을 피울 때는 세심한 주의가 필요하다 ECO!

불을 피우기 전 먼저 주변에 인화성 물질이 없는지 확인한다. 혹시라도 불씨가 튀어 주변으로 불이 번지기 시작하면 걷잡을 수 없다. 화로대는 반드시 받침이 있는 제품을 사용한다. 무심코 밟는 땅에도 수많은 생물이 살고 있다. 받침이 없는 화로대를 사용하면 땅속 생태계도 함께 연소되어 버린다. 자연보호를 위해 받침이 없는 화로대의 사용을 금지하는 캠핑장이 점점 늘어나고 있다.

머문 자리는 깨끗이 정리한다 ECO!

캠핑 시작 전과 마친 후가 똑같이 깨끗한지 살핀다. 쓰레기더미를 남겨두고 떠난다면 캠핑을 즐길 자격이 없다. 쓰레기장이 있다면 분리수거를 통해 쓰레기를 배출하고, 쓰레기장이 없다면 집으로 갖고 오도록 한다.

CAMPING COOKING

맛있고 특별한 캠핑 요리

캠핑장에서 하는 요리는 특별하다. 캠핑용 조리 기구가 따로 있어 색다른 즐거움을 느낄 수 있다. 캠핑 조리 도구의 종류는 무궁무진하며 만드는 방법과 조리 시간이 평소 사용하던 것과 다를 수 있다. 정확한 계량을 하기 어렵기 때문에 캠퍼 스스로 경험을 통해 체득해야 하는 경우가 많다. 최대한 단순화된 레시피를 가지고 요리를 하며 자신만의 노하우를 쌓도록 하자.

캠핑 요리 노하우

캠핑 요리를 좀 더 캠핑 요리답게 즐기기 위한 노하우를 공개한다. 야외에서 먹는 밥이야 무엇인들 꿀맛이겠지만 다음의 사항을 지킨다면 좀 더 편리하게 조리하여 맛있게 먹을 수 있을 것이다.

단순한 레시피로 조리하기

캠핑장에서는 모든 것을 완벽하게 갖추고 요리할 수 없다. 때로는 가위가 칼을 대신하기도 하고, 하나뿐인 냄비로 밥과 찌개를 모두 해결해야 할 때도 있다. 정확한 계량과 조리가 필요한 요리보다는 상황에 따라 유동적으로 바뀌어도 맛에 지장이 없는 요리가 캠핑에 어울린다. 복잡한 과정은 생략하고 최대한 단순한 레시피로 재료 본연의 맛을 살리도록 하자.

현지 재료 활용하기

캠핑은 지역 특산물을 맛볼 수 있는 시간이기도 하다. 캠핑장 근처에 무엇이 유명한지 살펴보자. 복숭아, 포도 같은 과일부터 채소, 육류, 해산물 등 싱싱한 먹거리를 도시에서보다 저렴하게 살 수 있다. 시내에 위치한 마트에서는 간단한 간식이나 기본적으로 필요한 양념만 구입하고 메인 재료는 현지의 재래 시장에서 구입하는 것도 좋다. 캠핑장 근처 시장 구경은 또 다른 재미가 된다.

남는 음식 최소화하기

남은 음식은 보관이 어렵고 다시 가져오기도 번거로워 결국엔 쓰레기가 된다. 모처럼만의 캠핑이라고 욕심내기보다는 조금 모자란 듯 준비하는 것이 좋다. 부족한 재료는 현지에서 조달할 수 있다. 자투리 재료가 남아 처리가 어렵다면 전을 부쳐먹거나 비빔밥이나 잡탕 찌개를 만들어 먹는다. 요리 아이디어를 발휘해 음식물 쓰레기를 최소화하도록 하자.

밥

한국인의 식탁에 빠져서는 안 되는 밥. 이는 캠핑장에서도 마찬가지다. 집에서는 버튼만 누르면 전기밥솥이 알아서 해주지만 캠핑장에서는 불 위에 코펠을 올려서 밥을 짓는다. 코펠에 지은 밥은 삼층밥이 되기 일쑤지만 이 또한 즐거움이다. 바닥에 붙어있는 누룽지로 만들어 먹는 숭늉은 전기밥솥에서는 절대 맛볼 수 없는 맛이다.

밥짓기 노하우

'씻어 나온 쌀'을 이용하면 편리하다
텐트에서 개수대까지 왔다 갔다 하는 것이 번거로울 수 있다. 쌀을 구입할 때 '씻어 나온 쌀'류를 구입한다면 이런 과정을 생략할 수 있다. 포장을 뜯고 바로 코펠에 부은 다음 물을 넣으면 된다.

물을 평소보다 넉넉하게 잡는다
코펠은 내부 압력이 약해서 수증기가 쉽게 빠져나간다. 따라서 평소 밥을 할 때보다 조금 넉넉하게 물을 넣는다. 물을 붓고 손을 넣어 손등의 반 이상이 잠길 정도가 되면 알맞다. 물이 부족하면 밥을 짓는 중 5번째 단계에서 미량의 물을 더 넣어 보완할 수 있다.

뜸을 들인다
코펠은 얇기 때문에 열 전도율에 한계가 있어 밥이 한번에 뚝딱 완성되지 않는다. 1차로 밥을 익힌 다음 뜸을 들이며 완전히 익도록 하는 것이 중요하다. 이것 또한 이론을 안다고 해서 쉽게 되는 것은 아니다. 직접 코펠 밥을 지어보며 노하우를 터득하도록 하자.

재료
쌀, 물

만드는 법

1. 코펠에 쌀을 넣고 물이 손등의 반 정도 혹은 그 이상으로 올라오도록 붓는다.
2. 뚜껑을 닫고 강한 불로 가열한다. 스토브의 종류에 따라 5~10분 뒤부터 밥물이 끓으며 코펠 뚜껑이 들썩이기 시작한다.
3. 뚜껑이 들썩이면 불을 줄이고 뚜껑 위에 돌멩이를 올려놓는다. 이때 크고 무거운 돌멩이 하나를 얹기보다는 작은 돌멩이 3~4개를 가장자리에 나누어 올리는 것이 효과적이다.

4. 돌멩이를 올리고 불을 좀 더 약하게 한 다음 5분가량 가열한다.
5. 5분 뒤 돌멩이를 치우고 뚜껑을 열어 밥을 고루 섞는다. 겉으로 보기에는 밥이 다 된 것처럼 보이지만 설익었을 가능성이 높다. 다시 뚜껑을 닫고 약불로 5~10분 가량 가열한 다음 뜸을 들인다.

로스트 치킨 ××

캠핑장 인기메뉴로 더치오븐만 있다면 간단히 만들 수 있다. 실제 캠핑장에서 더치오븐으로 로스트 치킨을 만드는 광경을 심심치 않게 볼 수 있다.

재료

닭고기, 감자, 당근, 단호박, 파프리카, 마늘, 소금, 후추

만드는 법

1. 깨끗이 손질한 닭고기에 소금과 후추를 뿌려 밑간을 한다.
2. 감자를 먹기 좋은 크기로 썬 다음 마늘과 함께 닭 속에 채워 넣는다.
3. 당근, 파프리카, 단호박은 먹기 좋은 크기로 썬다.
4. 달군 더치오븐에 손질한 채소를 깔고 닭을 넣는다.
5. 더치오븐 뚜껑과 바닥에 2:1의 비율로 숯을 올리고 1시간 30분에서 2시간가량 조리한다.

CAMPER SAYS :
더치오븐 사용이 익숙하지 않다면 요리 중간중간 수시로 뚜껑을 열어 조리 상태를 확인한다. 재료의 수분은 좀 날아가겠지만 무작정 기다리다 음식이 못 먹을 정도가 되는 것보다는 낫다. 이렇게 조금씩 조리시간을 파악한 뒤 다음 조리 시에 참고하면 더치오븐 고수가 될 수 있다.

찹 스테이크 ××

왠지 어려울 것 같지만 생각보다 간단한 재료와 방법으로 근사한 한끼를 만들 수 있다. 캠핑에서 특별한 만찬을 원한다면 솜씨를 발휘해 보자.

재료

소고기 등심, 양파, 대파, 돈가스소스, 케첩, 소금, 후추

만드는 법

1. 양파와 대파는 깨끗이 씻어 먹기 좋은 크기로 깍둑썰기 한다. 너무 잘게 써는 것 보다는 큼직하게 써는 것이 좋다.
2. 잘 달궈진 프라이팬에 등심과 양파, 대파를 올리고 소금과 후추로 간을 한다.
3. 등심의 한쪽 면이 적당히 익어 육즙이 촉촉하게 올라오기 시작하면 고기를 뒤집고 다시 소금과 후추를 뿌린다.
4. 적당한 크기로 네모나게 고기를 자른 다음 돈가스소스와 케첩을 2:1의 비율로 넣는다.
5. 소스가 고기에 잘 배도록 볶는다.

어묵탕 ××

어릴 적 학교 앞에서 먹던 떡볶이와 어묵 꼬치는 물론 퇴근 후 직장동료와 술잔을 기울이던 선술집에서의 얼큰한 어묵탕까지. 어묵은 만인에게 사랑 받는 간식이자 훌륭한 안주다. 어두워진 캠핑장에서 술 한잔과 함께하기에 이만한 것도 없다.

재료

어묵, 꽃게, 새우, 무, 양파, 대파, 청양고추, 다시마, 국물용 멸치

만드는 법

1. 무와 양파는 큼지막하게 썰어 준비한다.
2. 커다란 냄비에 꽃게, 새우, 무, 양파, 다시마, 국물용 멸치를 넣고 팔팔 끓인다.
3. 물이 끓을 동안 어묵을 꼬치에 끼운다.
4. 물이 끓기 시작하면 대파와 청양고추, 어묵 꼬치를 넣는다.
5. 어묵이 말랑해질 때까지 팔팔 끓인다.

타코야키 ××××××××××××××××××××

길거리에서 흔히 볼 수 있는 일본식 문어 풀빵이다. 타코야키 전용 팬이 있어야 하지만 인터넷에서 비교적 쉽고 저렴하게 구입할 수 있다. 특별한 간식을 원하는 이들에게 추천한다.

재료
부침가루, 문어, 양배추, 달걀, 파래김, 가츠오부시, 마요네즈, 돈가스소스, 소금, 식용유

만드는 법
1. 양배추는 깨끗이 씻어 잘게 다진다.
2. 부침가루, 달걀, 잘게 썬 양배추, 소금, 물을 넣고 타코야키 반죽을 만든다. 반죽의 농도는 물같이 주르륵 흐르는 정도가 좋다.
3. 미리 익혀온 문어를 먹기 좋은 크기로 깍둑썰기 한다.
4. 기름솔이나 키친타올을 이용해 타코야키 팬에 골고루 식용유를 바르고 버너에 올려 달군다.
5. 타코야키 팬에 뜨거워지면 팬이 꽉 차도록 반죽을 붓는다.
6. 반죽 아랫부분이 익었을 즈음 문어를 넣는다.
7. 기다란 꼬치를 이용해 반죽을 뒤집으며 타코야키 모양을 잡는다.
8. 타코야키가 다 익으면 접시에 담고 돈가스소스, 마요네즈, 가츠오부시, 파래김 순서로 올려 마무리한다.

CAMPER SAYS :
취향에 따라 문어와 함께 김치나 치즈 등을 넣고 구우면 더욱 맛있게 즐길 수 있다.

김치전 ××

비 오는 날, 타프 아래에서 즐기는 막걸리와 김치전은 우중 캠핑을 선택한 캠퍼만이 누릴 수 있는 특권이다. 부침가루만 있다면 조리 후 남은 야채와 김치로 언제든 손쉽게 만들어 먹을 수 있다.

재료
김치, 부침가루, 양파, 대파, 청양고추

만드는 법
1. 김치와 갖은 야채는 기호에 맞게 적당히 썰어 준비한다.
2. 부침가루에 물을 붓고 뭉치지 않도록 잘 섞는다. 반죽의 농도는 주르륵 흐르는 것과 되직하게 뚝뚝 떨어지는 것의 중간 정도가 적당하다.
3. 반죽에 손질한 김치와 야채를 넣고 잘 섞는다. 이때 기호에 맞게 김치국물이나 고추장 등을 넣어도 좋다.
4. 잘 달궈진 프라이팬에 기름을 두르고 반죽을 올려 앞뒤로 노릇하게 굽는다.

CAMPER SAYS :
김치전같은 부침개는 부침가루만 있으면 굳이 특별한 재료를 챙기지 않아도 즉흥적으로 만들 수 있다. 요리를 하고 남은 재료를 이용해 그날의 특제 부침개를 만들어보자.

타코 ×××××××××××××××

다양한 재료를 또띠아에 싸먹는 멕시칸 요리로 간편하고 맛있게 먹을 수 있어 캠퍼에게 인기다. 각자 좋아하는 재료를 듬뿍 넣어 만들어 먹는 재미도 있다.

재료
또띠아, 다진 소고기, 토마토, 양파, 파프리카, 로메인, 할라피뇨, 치즈, 타코 시즈닝, 살사소스, 올리브유

만드는 법
1. 토마토, 양파, 파프리카는 적당한 크기로 깍둑썰기하고 로메인과 치즈는 길게 채를 썰어 준비한다.
2. 잘 달궈진 프라이팬에 올리브유를 두르고 다진 소고기와 타코 시즈닝을 넣고 볶는다.
3. 또띠아에 소고기와 갖은 야채, 치즈, 살사소스를 기호에 맞게 넣고 내용물이 새지 않도록 잘 접는다.
4. 마른 프라이팬을 달구어 잘 접은 또띠아를 넣고 살짝 굽는다.

상그리아

와인에 달콤한 과일을 넣은 상그리아는 가볍게 기분을 내기에 좋은 음료다. 그리 좋은 와인이 아니더라도 충분히 맛있는 상그리아를 만들 수 있다.

재료
오렌지, 레몬, 사과, 청포도, 와인, 탄산수, 설탕

만드는 법
1. 오렌지와 레몬, 사과는 껍질째 슬라이스하고 청포도는 먹기 좋은 크기로 잘라 준비한다.
2. 용기에 손질한 과일을 담고 와인과 탄산수를 3:1 혹은 4:1의 비율로 붓는다. 탄산수는 사이다로 대체 가능하다.
3. 기호에 맞게 설탕을 넣어 당도를 맞춘다.
4. 용기 뚜껑을 닫고 와인에 과일 맛이 잘 배도록 일정시간 숙성시킨다.

CAMPER SAYS :
과일과 와인, 탄산수를 혼합한 다음 한번 끓이면 논 알코올 상그리아를 만들 수 있다.

AFTER CAMPING

캠핑을 마친 후

누가 만든 말인지는 모르겠지만 '아름다운 사람은 머문 자리도 아름답다.'는 명언(?)은 캠핑장에도 그대로 적용된다. 전국적으로 캠핑이 엄청난 인기를 끌며 캠핑장이 늘어나고 있지만 그만큼 '진상 캠퍼'를 견디지 못해 영업을 그만두는 곳도 늘고 있다. 캠핑이 좋아 캠핑장을 운영하던 이들을 지치게 하는 것이 다름 아닌 캠퍼라는 아이러니한 상황이 발생하고 있다. 즐거운 추억을 준 캠핑장이 깨끗하게 잘 보존되도록, 다음에 내가 혹은 내 자녀가 찾았을 때도 똑같은 즐거움을 맛볼 수 있도록 노력이 필요하다.

캠핑장을 떠나며

캠핑을 올 때 이것저것 준비하고 확인할 사항이 많았듯, 떠날 때도 몇 가지 확인할 사항이 있다. 급한 마음에 대충대충 짐을 싸고, 분리수거도 하지 않은 채 쓰레기를 한곳에 모아 휙 버리고 가는 캠퍼가 없도록 아래의 사항을 눈여겨보자.

장비 철수 및 짐 챙기기

누군가 조립은 분해의 역순이라 했던가, 캠핑 장비의 철수는 설치의 역순이라 할 수 있다. 분명히 올 때는 넉넉하던 가방이 다시 장비를 접어 넣으려니 빠듯하고, 먹거리도 다 먹었는데 짐은 오히려 늘어난 것 같아 트렁크가 답답해 보인다. 올 때는 며칠에 걸쳐 짐을 챙겼지만 돌아갈 때는 한정된 시간에 짐을 챙기려니 마음이 급해져 대충대충 정리한 탓이다. 정리 시간을 여유롭게 잡고 차분히 장비를 챙기도록 하자. 텐트와 타프는 공기가 들어가지 않도록 반듯하게 접고, 복잡하게 흩어져 있는 짐은 하나로 차곡차곡 정리해 담는다. 그래야 효율적으로 짐을 실을 수 있으며 다음에 사용할 때도 편리하다.

🍃 쓰레기 수거

짐 정리를 마쳤다면 자리를 확인해 잊은 물건이 없는지 살피고 쓰레기를 수거한다. 쓰레기가 남아있다면 주변 캠퍼에게 불쾌감을 안겨줄 것이다. 쾌적한 캠핑 환경을 위해, 자연보호를 위해 떠나는 자리는 항상 깔끔하게 정리한다. 철저한 분리수거도 잊지 말자.

🍃 빈 가스캔 처리

가스 연료를 사용했다면 가스캔 처리를 확실히 해야 한다. 남김없이 가스를 사용했더라도 구멍을 낸 다음 버리도록 하자. 몇몇 아웃도어 브랜드에서 캔에 구멍을 뚫을 수 있는 장비가 발매되고 있으며 특별한 장비가 없더라도 팩과 망치를 이용해 구멍을 내어 처리할 수 있다.

텐트 관리하기

고가의 장비라도 관리가 소홀하면 제 기능을 발휘하지 못한다. 특히 텐트의 경우 먼지나 흙, 모래 등이 유입되기 쉽고, 비나 눈을 맞았을 경우 폴대가 부식될 우려가 있으므로 돌아온 후에는 반드시 정비를 하도록 하자.

텐트 말리기

비나 눈을 듬뿍 맞은 장비를 그대로 싣고 돌아왔다면 빨리 펴서 말리도록 한다. 맑은 날 텐트와 타프를 팽팽하게 설치해서 구석구석 건조시키는 것이 가장 좋지만 여건이 되지 않는다면 실내에서 바닥에 펼쳐두거나 빨래 건조대에 걸어 건조시킨다. 습기가 남아있으면 방수 성능을 잃고 곰팡이가 생길 수 있다. 비가 오지 않았더라도 지면에서 올라오는 습기로 인해 바닥이 젖을 수 있으므로 돌아온 후 장비를 확인해 신경 쓰일 정도라면 꺼내어 말리도록 하자.

내부 청소하기

넓은 공터에 텐트를 설치하고 작은 빗자루 혹은 차량용 청소기 등으로 내부를 깨끗이 청소한다. 캠핑장에서 청소를 하면 철수를 하면서 다시 내부로 모래나 먼지가 유입될 수 있으므로 돌아와서 하는 것이 좋다.

염분 제거

바닷가에서 캠핑을 했다면 장비 사이사이에 염분을 머금은 모래가 끼어 있을 수 있으며 그대로 방치할 경우 부식으로 이어진다. 장비를 바짝 말린 다음 털어내어 모래를 제거하고 폴대는 물기를 꼭 짠 수건으로 닦아 염분을 제거한다.

Special Note 06 : 모이면 즐겁다 캠핑 관련 행사들

캠핑 좀 한다 하는 캠퍼가 총 출동하는 날이 있다. 초보 캠퍼라면 이곳에서 경험이 많은 선배 캠퍼에게 피가 되고 살이 되는 고급 정보들을 얻을 수 있을지도, 혹은 캠핑 행사를 갔다가 나와 뜻이 맞는 평생의 캠핑 크루를 만날지도 모를 일이다.

캠핑대회

캠핑퍼스트 전국 캠핑대회 http://cafe.naver.com/campingfirst
국내 최대 규모의 캠핑 커뮤니티 카페인 '캠핑 퍼스트'에서 2008년부터 정기적으로 실시하고 있는 캠핑 행사다. '지역과 함께하는 정기 캠핑'을 모토로 시, 군 단체와 함께 진행하고 있다. 수백 팀에 달하는 전국의 캠퍼가 총출동하여 지역 이벤트를 함께 즐기는 등 뜻 깊은 활동을 이어가고 있다.

부엉이 릴레이 오토캠핑 http://autocamping.co.kr
격월간 매거진 〈오토캠핑〉에서 2006년부터 실시하고 있는 릴레이 캠핑대회로 매 주말 진행되고 있다. 400회를 돌파한 현재는 회원들이 매주 자체적으로 끊임없이 릴레이 캠핑을 진행하고 있다.

캠핑 블로거 전국대회
온라인에서 만난 캠핑 블로거들이 오프라인에도 만나기 위해 시작한 캠핑 행사다. 대회에 참여하는 블로거가 돌아가면서 주최자를 맡고 있으며 어떠한 상업적인 행사도 없다. 어느새 100팀 이상이 참가하는 대형 캠핑 행사로 자리매김했다.

캠핑박람회

서울 국제 스포츠 레저 산업전 http://www.spoex.com
국내 스포츠 레저 산업 박람회 중 최대 규모를 자랑한다. 캠핑은 물론 각종 스포츠 관련 브랜드도 참가하는 박람회로 다양한 정보를 접할 수 있다.

코리아 오토캠핑쇼 http://www.campingkorea.org
국제 캠핑 산업 전시회에서 2012년 코리아 오토캠핑쇼로 이름을 바꾸었다. 캠핑에 초점을 맞춘 박람회로 국내외 다양한 캠핑 업체의 부스를 만날 수 있다.

프리뷰 아웃도어 쇼 http://www.outdoorshow.co.kr
아웃도어 인구의 저변 확대와 관련 산업의 네트워크 구축을 위해 일산 킨텍스에서 매해 2월과 8월, 1년에 2회 진행하는 아웃도어 박람회다.

PART 4

120% ENJOY CAMPING

캠핑 120% 즐기기

소소한 변화가 모여 큰 즐거움을 만든다. 늘 즐기던 캠핑이 조금 지루해졌다면 변화를 꾀해보는 건 어떨까? 정해진 룰은 없다. 똑같은 캠핑이라도 옷차림에 변화를 주고, 사진 촬영을 목적으로 떠나보기도 하고, 어떤 날에는 혼자 길을 나서기도 한다. 여기에 나온 것이 아니더라도 다양한 방법이 있다. 작은 아이디어로 캠핑은 한없이 다채로워진다.

캠퍼를 더욱 캠퍼답게 아웃도어 스타일링

1. 양말과 레깅스를 착용하면 보온은 물론이고 스타일에 힘을 줄 수 있다. 특히 히피스러운 화려한 디자인은 자연친화적이며 자유로운 느낌을 준다.
2. 허리춤 혹은 가방에 카라비너를 달아 열쇠나 컵을 연결한다. 왠지 캠핑 좀 할 것 같은 느낌이 물씬 난다.
3. 그리 크지 않으며 몸에 착 붙는 메신저백이나 힙색은 캠핑장에서 귀중품을 몸에 지니고 다닐 용도로 딱이다. 패션에 포인트가 될 뿐만 아니라 활동성이 좋아 두 손을 자유롭게 사용할 수 있다.
4. 모카신 혹은 앞이 막힌 버켄스탁 스타일의 슬리퍼와 화려한 양말을 매치하면 은근한 센스를 뽐낼 수 있다.
5. 뜨거운 햇빛으로부터 얼굴을 보호해줄 모자를 챙긴다. 1박을 하고 난 다음날 감지 못한 머리를 숨기기에도 딱이다.
6. 오지로 캠핑을 떠나는 것이 아닌 이상 값비싼 아웃도어 의류는 필요가 없다. 움직이기 편하며 땀 흡수가 잘 되는 면 재질의 티셔츠와 튼튼한 청바지면 충분하다. 한겨울을 제외하고는 활동성을 위해 반팔과 반바지를 입고 팔토시나 레깅스, 조끼, 점퍼 등을 이용해 레이어드하는 것이 좋다.

캠퍼의 로망 솔로캠핑

홀로 훌쩍 떠나는 여행에 대한 로망은 누구나 가슴속에 품고 있지 않을까? 캠핑을 취미로 즐기고 있는 캠퍼라면 솔로캠핑(Solo Camping), 즉 '솔캠'을 계획해보자. 여럿이 왁자지껄 떠나는 캠핑과는 다른 솔로캠핑의 매력에 흠뻑 빠져들 것이다.

🌿 스타일 정하기

솔로캠핑에도 워킹캠핑, 백패킹캠핑, 오토캠핑, 캐러밴캠핑이 존재한다. 그 중 가장 많은 것이 백패킹캠핑족과 오토캠핑족일 것이다. 솔로캠핑을 즐기는 사람 중에는 등산캠핑을 하는 사람도 많다. 혼자 가는 것인 만큼 섣부른 시도보다는 평소 자신이 즐기던 캠핑 스타일에서 시작하는 것이 좋다.

🌿 장비 꾸리기

장비는 가방 하나에 모든 짐이 들어가도록 간소하게 꾸린다. 혼자 가는 캠핑에 4~5인용 대형 텐트를 갖고 간다면 설치하는 것에서부터 문제에 봉착할 것이다. 조금은 불편한 듯 최소한의 장비만으로 즐기는 것이 솔로캠핑의 본질에 가까운 모습이다. 한 번 쓸지 말지 한 장비를 이것저것 챙기기 보다는 혼자만의 시간을 풍요롭게 해줄 책이나 라디오, 노트북 등을 챙겨보자.

🌿 장소 정하기

캠핑장으로 지정된 곳 중 붐비지 않고 호젓한 곳을 선택한다. 온전히 혼자만의 시간을 즐기고 싶다고 인적이 전혀 없는 깊은 산속으로 들어가면 안전 사고가 발생했을 때 곤란해 질 수 있다. 등산 후 캠핑을 즐긴다면 등산로에서 멀리 떨어지지 않은 곳에 자리를 잡는 것이 좋다.

솔로캠핑 매력 집중 탐구

1. 일행과 시간을 맞출 필요가 없어 비교적 자유롭게 떠날 수 있다.
2. 자연 속에서 온전히 혼자만의 시간을 가질 수 있다.
3. 저렴한 비용으로 최대의 캠핑을 즐길 수 있다.
4. 캠핑을 하는 중에도 기분에 따라 여건에 따라 일정 조절이 가능하다.
5. 혼자 떠나는 여행의 로망을 멋지게 충족할 수 있다.

캠핑의 추억을 영원히 잘 찍은 사진 한 장

즐거웠던 캠핑의 추억은 잘 찍은 사진을 통해 더욱 빛이 난다. 핸드폰이든 똑딱이 디카든 DSLR이든 사진의 원리는 모두 같기 때문에 기본적인 지식을 알아두면 카메라의 특성을 이용해 더 좋은 사진을, 혹은 남과는 다른 사진을 찍을 수 있다.

🍃 맑게, 밝게, 자신 있게

눈이 부시도록 맑은 날, 눈 앞에 보이는 캠핑장의 풍경은 이렇게나 투명하고 아름다운데, 왜 사진으로는 그게 표현이 안될까? 간단히 설명하자면 햇빛이 쨍한 날에는 그늘과 밝은 곳의 노출 차이가 크기 때문이다. 그럴 때는 일부러 1,2단계 노출을 오버시키면 '뽀샤시'한 사진을 얻을 수 있다. 밝은 부분의 디테일은 날아갈지언정 사진의 분위기는 눈으로 보는 것 이상일 것이다. 좀 더 재미있는 사진을 찍고 싶다면 과감히 햇빛을 향해 렌즈를 들이밀고 역광 사진을 찍어보자. 렌즈 안으로 빛이 쏟아져 들어오며 빛 방울이 맺히는 아름다운 사진을 찍을 수 있다. 단 너무 과하면 카메라를 손상시킬 수 있으니 장시간 노출은 피하도록 하자.

캠핑장의 밤은 낮보다 아름답다?

화로대 앞에 모여 앉아 두런두런 이야기 나누는 모습을 찍고 싶은데, 어김없이 흔들리는 셔터 때문에 사람 얼굴이 형체도 없어 날아가 버린다. 날이 어두워지면 아무리 밝은 렌즈라도 기록이 어렵다. 보통 밤에 화로대와 랜턴의 빛을 의지하여 촬영한다면 셔터스피드는 2초 이상이 된다. 삼각대 혹은 테이블 위에 카메라를 올려 고정시키고 촬영해야 하는데 카메라를 고정시킨다 한들 사람이 움직이기 때문에 결국 선명하지 못한 사진을 얻게 된다. 하지만 개의치 않아도 좋다. 약간의 흔들림이 오히려 그 순간을 더욱 정확하게 기록한 것이라고 볼 수 있지 않을까? 밤에 술이 적당히 들어가고 다들 들뜬 기분이 되었다면 '팡팡' 플래시를 터뜨려보는 것도 좋다. 어둠 속에 하얀 얼굴이 동동 떠있는 재미있는 사진이 될 것이다. 사진으로 친구를 놀리는 재미가 쏠쏠하다.

🌿 결정적 순간을 잡아라

캠핑 사진의 묘미는 바로 자연스러움이다. 텐트 설치에 집중하고 있는 모습, 해먹에 누워 입을 벌리고 잠을 자고 있는 모습, 직접 만든 요리를 한입 먹고 만족하는 모습 등. 캠핑장에서 내내 카메라만 붙잡고 있는 것은 좋지 않지만 결정적인 순간을 놓치지 않도록 카메라를 손이 닿는 곳에 휴대하는 것이 좋다. 무거운 DSLR보다는 간단한 똑딱이디카나 핸드폰이 적합하다. 침 흘리며 자는 친구를 좋다고 낄낄대며 촬영하는 내 모습을 다른 친구가 멀리서 도촬하고 있을지도 모를 일이다.

🌿 술 취한 듯 붉은 얼굴은 그만

랜턴이나 화로대 불빛에 의지해 사진을 찍었는데, 얼굴이 술 취한 사람마냥 붉게 나온다. 현장의 분위기가 묻어나 그대로 좋다는 사람이 있는 반면에 붉은 얼굴만은 피하고 싶다는 사람도 있다. 그럴 때는 화이트밸런스를 조절하면 쉽게 문제를 해결할 수 있다. 화이트밸런스를 백열등 모드로 설정하면 랜턴 불빛 아래서 피사체의 실제 색과 비슷한 색으로 찍힌다. 좀 더 미세한 조정을 원한다면 커스텀 화이트밸런스 기능을 이용해 본인만의 화이트밸런스를 정하는 것도 좋다.

🍃 이 사진만은 꼭 찍는다

캠핑장에서 반드시 찍는 사진 테마를 정해보는 것은 어떨까? 거창한 사진이 아니어도 좋다. 함께 캠핑을 온 사람과 기념사진을 찍을 때 다 함께 점프를 하거나 만세를 하는 등 특정한 포즈를 취한다. 후에 그렇게 찍은 사진들만 쭉 늘어놓고 보는 재미가 쏠쏠할 것이다. 꼭 기념사진이 아니어도 좋다. 캠핑 장비 혹은 캠핑장 주변의 자연 등 관심이 있는 테마를 정해놓고 꾸준히 촬영한다면 또 다른 즐거움이 될 것이다.

🍃 캠핑장, 미니어처가 되다

캠핑장에 옹기종기 모여있는 텐트를 원거리에서 촬영했다면 재미있는 놀거리가 생긴 셈이다. 집으로 돌아와 포토샵을 열고 그 사진을 띄워보자. 사진의 위아래에 블러 효과를 주면 놀랍게도 평범한 사진이 마치 미니어처를 촬영한 듯 변한다. 평범한 사진이 후보정을 통해 재미있는 사진으로 변한다.

훌쩍 떠난 후쿠오카
치유의 캠핑

나는 20대의 많은 시간을 일본에서 보냈다. 그래서 한국 지리보다 일본 지리에 더 밝은 편이다. 지금도 답답한 일이 생기면 무작정 일본을 찾아 여기저기를 다니곤 한다. 얼마 전에도 복잡한 마음을 달래고자 후쿠오카로 훌쩍 캠핑을 다녀왔다. 처음엔 솔캠을 다녀올 생각이었지만 주변 사람들에게 이런 내 계획을 이야기해주니 재미있게 들렸는지 한 사람, 두 사람 함께 가겠다는 지원자가 생기면서 방향을 선회했다. 혼자 하는 캠핑도 좋지만 여럿이 함께하는 캠핑 또한 즐겁기에 흔쾌히 모두와 함께 떠났다. 후쿠오카는 동북지방과 꽤 떨어져 있어서 방사능 걱정이 없고 아름다운 자연 풍경이 잘 보존되어 있어서 캠핑을 즐기기에 좋다. 공항에서 내리자 마자 바로 차를 빌려 캠핑장을 향해 달렸다. 구비 구비 낯선 시골 산길을 올라 아래 풍경을 바라볼 땐 너나 할 것 없이 모두의 입에서 "죽인다"는 말이 터져 나왔다. 하루는 잔잔한 계곡물이 흐르는 캠핑장 근처에 묵으며 수영을 하고 또 하루는 바닷가 근처에서 파도 소리를 들으며 잠을 청했다. 매일 아침 텐트에서 맞는 공기가 청명했다. 시골 마트에서 장을 보고 간단한 기념품을 쇼핑하는 것은 도심에서는 맛볼 수 없는 소소한 즐거움이었다.

짧은 시간 계획해서 무작정 떠난 캠핑이었지만 나의 답답한 마음을 보듬어주고 치유하기에 충분했다. 나에게 있어 캠핑은 김이 모락모락 나는 따뜻한 한 그릇의 밥과 같다. 마음이 허기질 때 한 그릇 뚝딱 해치우면 어느새 든든해지곤 한다. 그래서 난 어쩐지 침울해져 있는 누군가를 보면 불가항력의 힘으로 캠핑을 추천하곤 한다. 물론 캠핑을 다녀온다고 해서 내가 끌어안고 있는 고민이 몽땅 해결되는 것은 아니다. 오히려 고민이 배가 되어 돌아올지도 모른다. 하지만 정말 중요한 것은 떠나보지 않고서는 누구도 어떻게 될지 알 수 없다는 점이다. 적어도 캠핑은 한번도 날 실망시킨 적이 없다.

DALIFE CAMPING

일상에서 캠핑을 즐기는 방법

캠퍼는 늘 캠핑에 목마르지만 언제나 떠날 수 있는 여건이 따라주지 않는다. 캠핑을 향한 상사병에 한숨만 푹 내쉬고 있다면 고개를 들어 주변을 살펴보자. 직접 캠핑을 떠나지 않더라도 집에서, 카페에서 간접경험 할 수 있는 기회는 많다. 일상 속에서 캠핑 내공을 쌓고 실전 캠핑에 임해보는 것도 좋다.

숨소리, 땀방울까지 생생하게 아웃도어 영상물

캠핑 생각에 잠이 오지 않는 밤, 다음에 소개하는 영상물을 보는 건 어떨까? 캠핑보다 조금 더 거친 아웃도어 활동을 다룬 것도 있지만 자연 속에 내던져져 여러 활동과 모험을 한다는 점에서 자극을 받을 수 있을 것이다.

맨 vs. 와일드 Man vs. Wild

전직 영국 특수부대 SAS Special Air Service 출신이자 생존 전문 모험가인 베어 그릴스Bear Grylls가 오지에서의 생존전략을 소개하는 방송이다. 디스커버리 채널을 통해 전세계에 방영되며 두터운 마니아 층을 갖고 있다. 칼, 부싯돌, 배낭 등의 간단한 도구만으로 야생에서 탈출하는 모습을 보여주는데 혐오스럽다고 느낄만한 장면도 있지만, 극한의 상황을 동경하는 백패킹 마니아에게 피가 되고 살이 될만한 정보도 가득하다. 실제로 아웃도어 용품 브랜드인 거버Gerber 사에서는 베어 그릴스 서바이벌 제품을 시리즈로 선보이고 있다. 국내에서 〈베어 그릴스〉라는 서적이 번역 출판되어 그의 생존 방법을 책으로도 엿볼 수 있다.

127시간 127 Hours

아론 랠스톤Aron Ralston은 그랜드캐니언을 등반 하던 중 굴러 떨어지는 바위에 오른쪽 손이 끼이는 사고를 당한다. 삶과 죽음 사이에서 127시간의 사투를 벌인 끝에 자신의 팔을 잘라내고 극적으로 살아 돌아오게 되는데, 〈127시간〉은 이 실화를 영화화하고 있다. 그랜드캐니언이라는 광활하고 거친 자연 속에서 나약한 인간이 겪게 되는 한계, 그리고 각종 아웃도어 장비를 이용해 탈출을 시도하는 주인공의 모습이 아웃도어 마니아들에게 재미와 감동을 선사한다.

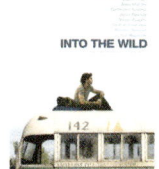

인투 더 와일드 Into The Wild

자연 속에서 단순하고 자유로운 삶을 꿈꾸다 생을 마감한 크리스토퍼 존슨 맥캔들리스Christopher Johnson McCandless의 실화를 바탕으로 만들어진 영화다. 엘리트 청년이었던 그는 대학 졸업식 아침 자신의 전 재산을 기부하고 이름을 '슈퍼 방랑자Alexander Supertramp'로 바꾼 채 무작정 알래스카를 향해 떠난다. 이 영화는 생전에 그가 작성했던 일기를 토대로 만들어 졌으며 멋진 음악과 아름다운 영상으로 그의 삶을 유추할 수 있게끔 도와준다.

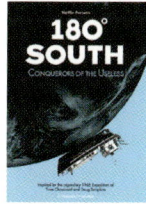

180° 사우스 180° South

파타고니아의 대표 이본 취나드Yvon Chouinard와 노스페이스의 설립자 더글라스 톰킨스Douglas Tompkins는 젊은 시절 당시 미개척지였던 파타고니아를 향해 떠난다. 15m 비디오를 통해 기록된 그들의 모습을 보고 40년이 지난 지금 제프 존슨Jeff Johnson이라는 한 젊은이가 그들의 여정에 새롭게 도전하는 리얼 다큐멘터리. 서핑, 암벽등반, 요트 등 다양한 방법으로 자연을 느끼고 경외하는 모습을 그린다.

캠핑이 그리운 도시남녀를 위해
글램핑 Glamping

출퇴근 시간에 쫓기는 직장인에게 평일 캠핑은 하늘의 별 같은 존재다. 그럼에도 불구하고 캠핑장에서 구워먹는 바비큐가 눈에 어른거려 지금 당장 떠나고 싶은 마음이 굴뚝 같은 현실 속 도시남녀를 위해 캠핑을 테마로 한 카페와 레스토랑이 연이어 문을 열고 있다. 도심 속에서 즐기는 화려한 Glamorous 캠핑 Camping, 글램핑 Glamping 이다.

🍃 아웃도어 키친

픽스드기어 바이크숍인 L.S.D의 대표가 운영하는 곳으로 청계 9가에 위치하고 있다. 시원하게 흐르는 청계천이 보이는 야외 테이블에 앉아 캠핑 요리를 즐길 수 있다. 가게 내부는 조리공간으로만 사용하는데 캠핑 장비와 장작 등이 자유롭게 늘어져 있는 모습이 실제 캠핑을 온 것 같은 느낌을 준다. 삼겹살이나 소시지, 새우 등을 석쇠 위에 올려 지글지글 구워먹는 바비큐 요리가 메인이다. 예전에는 생맥주를 판매하였으나 실제 캠핑장에 온듯한 느낌을 살리기 위해 현재는 병맥주와 캔맥주를 판매하고 있다. 바비큐에 시원한 캔맥주를 곁들여 먹고 마시고, 후에 입가심으로 라면까지 먹으면 아웃도어 키친을 제대로 즐겼다고 할 수 있다.

ADD 서울시 성동구 상왕십리동 12-46
TEL 070-7581-4325

캠핑카페 힐링

건물 3층에 위치하고 있어 바깥에서 봤을 때는 어떤 분위기인지 전혀 짐작이 가지 않는다. 하지만 계단을 올라 가게 입구에 도착한 순간 마치 실제 캠핑장에 온 것 같은 느낌을 받을 수 있다. 카페 내부에 캠핑용 테이블과 의자는 물론 텐트, 캠핑카까지 설치되어 있어 마치 실내로 캠핑장을 옮겨온 것 같다. 바비큐 요리 전문점으로 오픈형 주방에서 완전히 구워 나오기 때문에 옷에 냄새 밸 걱정 없이 쾌적하게 맛있는 바비큐를 즐길 수 있다.

ADD 경기도 부천시 원미구 중동 1127-10번지 설산프라자 3층
TEL 032-329-6371
WEB http://cafe.daum.net/citycampinghealing

글램핑

글램핑을 테마로 한 카페와 레스토랑 중 가장 넓은 규모를 자랑한다. 넓은 실내에 커다란 텐트가 줄지어 서 있는 모습이 이색적이다. 미국식 바비큐 요리를 즐길 수 있는 깔끔한 패밀리 레스토랑으로 텐트를 이용한 글램핑 로고가 인상적이며 이곳을 대표하는 마스코트인 글램퍼 또한 친근한 느낌을 준다. 전반적으로 음식은 물론 가게 인테리어와 디자인에 많은 공을 들인 곳으로 글램핑의 뜻에 부합하는 캠핑을 즐길 수 있다. 문을 연지 얼마 지나지 않았는데도 이미 입소문이 퍼져 주말에는 미리 예약을 하지 않으면 텐트 테이블을 이용할 수 없다고 하니 주의하자.

ADD 경기도 고양시 일산 동구 장항동 869번지 지하1층
TEL 031-908-6535
WEB http://goglamping.co.kr

CAMPER SAYS :
호텔에서 글램핑을!
최근 글램핑 서비스를 실시하는 호텔이 늘어나고 있다. 야외에 설치된 대형 텐트에는 완벽한 인테리어를 갖추고 있으며 호텔 수준의 서비스를 받으며 화려하고 편안한 캠핑을 체험할 수 있다.

롯데호텔 제주	신라호텔 제주	웨스틴조선호텔 부산
1577-0360	064-731-4261	051-749-7000

내 캠핑 이상형은 누구?
유명 캠핑 크루 총 출동

지루한 캠핑은 그만, 여기 누구보다 멋지게 캠핑을 즐기는 사람들이 있다. 국내외의 유명 캠핑 크루의 포스팅을 엿보며 그들의 감각과 노하우를 배워보자. 보기만 해도 당장 떠나고 싶어 엉덩이가 들썩들썩해지는 그들의 캠핑 라이프를 살펴보자.

 바리깡스 http://www.vallicans.com

일본의 스타일리스트인 오카베 후미히코가 만든 농·원예집단으로 캠핑만을 목적으로 하지는 않지만 감각 있는 아웃도어 스타일을 엿보기에 좋다. 오카베 후미히코는 일본 〈GO OUT〉 매거진에서 '야외놀이연구소'라는 칼럼을 진행 중이며 지면을 통해 아웃도어 활동을 즐기는 다양한 방법을 소개한다. 다방면에서 활약중인 멤버들이 선보이는 멋진 스타일링이 패션에 관심 있는 많은 캠퍼에게 영감을 준다.

보일러스 http://boillers.com

자연과의 접촉을 즐기는 캠핑 시각 그룹으로 패션, 음악, 메카닉, 알코올, 파티 등 다양한 방면에서 활약하고 있는 크리에이터가 모여있다. 캠핑에 관한 다양한 움직임을 보여주고, 현시대에 새로운 문화와 놀이, 라이프스타일을 제시하고자 하는 그들의 의도처럼 홈페이지를 방문하면 눈이 번쩍 뜨일만한 멋진 캠핑 콘텐츠들을 볼 수 있다. 캠핑 후에 올리는 리포트를 통해 그들의 캠핑 방식과 패션 등을 살펴보자. 아웃도어 브랜드인 노스페이스의 블로그에서도 그들을 만날 수 있다.

XXLSTYLE 캠핑단 http://xxlstyle.com

잠정 휴간에 들어간 액션스포츠 매거진 〈XXL STYLE〉의 스텝과 그 지인들이 만든 캠핑 크루다. 서핑, 스노우보딩, 클라이밍 등 다양한 액션스포츠와 함께 캠핑을 즐기는 모습을 볼 수 있다. 그 외에도 실질적인 환경 보호를 위한 움직임을 취하고자 노력하고 있다.

Special Note 07 : 지속 가능한 캠핑을 위하여 🌍 ECO!

인간에게는 자연으로 돌아가고 싶은 본능이 있는 것 같다. 21세기에 캠핑이 인기가 있는 것은 그 때문이 아닐까? 사각사각 나뭇잎을 흔들며 부는 바람과 그 결에 실려오는 향긋한 숲 내음을 만끽하며 캠핑장에 앉아 있으면 평소 환경보호에 관심이 없던 사람이라도 '이것만큼은 지키고 싶다'는 생각이 든다. 캠퍼는 자연을 잠시 빌려 쓰고 있다는 생각을 잊지 말아야 한다. 쓰레기를 버리거나, 무분별하게 불을 피우는 등 바로 눈에 보이는 행위를 하지 않는 것은 물론 자원을 아껴 쓰는 것처럼 생활 속에서 꾸준히 할 수 있는 사소한 일을 찾아서 실천에 옮기도록 노력해야 한다.

환경을 위해 꾸준히 활동하고 있는 아웃도어 브랜드에 관심을 갖는 것도 노력의 한 부분이 될 수 있다. 대부분의 아웃도어 브랜드가 환경보호에 관심을 갖고 친환경 소재를 개발하거나 캠페인을 벌이는 등의 노력을 계속하고 있다. 아웃도어 의류를 생산하고 있는 파타고니아Patagonia는 친환경 브랜드로 유명하다. 친환경 신소재를 개발해 제품 생산에 사용하고, 태양광 발전으로 공장을 돌리고, 매출의 1%를 환경기금으로 사용하고, 직원들의 환경단체 활동을 장려하는 등 웬만한 국가 사업 이상의 노력을 기울이고 있다. 종합 아웃도어 브랜드인 스탠리Stanley는 환경보호를 위해 제품에 개별 포장을 하지 않는다. 생각해보면 아웃도어 장비 하나에 얼마나 많은 포장지가 사용되는지 모른다. 택배 상자를 뜯으면 제품 상자가, 제품 상자를 뜯으면 비닐이, 비닐까지 벗겨야 물건을 만질 수 있다. 깨끗한 제품을 만나고 싶은 마음이야 누구나 마찬가지지만 어차피 캠핑장에 나가면 흠집이 날 물건이 아니었던가? 비닐 한 장, 상자 하나를 줄이면 그만큼 환경에 도움이 된다.

솔메이트Solemate는 버려진 티셔츠를 재활용한 코튼을 이용해 양말을 제작하고 컬러 매치에 영감을 주는 꽃과 벌레의 이름을 모델 명으로 사용한다. 이쯤 되면 누가 친환경 제품은 촌스럽다고 할 수 있을까.

최근 캠핑장에서 가장 쉽게 만날 수 있는 친환경 장비는 바로 태양열 충전기다. 한여름 사정없이 내리쬐는 직사광선이 캠퍼에게는 고역이지만 한편으로는 풍부한 자원이 된다. 낮 동안 해가 잘 드는 곳에 걸어두고, 밤에 랜턴 빛을 밝히거나 핸드폰을 충전할 수 있다. 탄소 발생률을 줄이는 것은 물론 지갑 속의 돈도 지킬 수 있다. 또 다른 친환경 연료로는 목재 펠렛이 있다. 잘게 조각난 나무 토막을 연상시키는 이것은 버려진 목재를 활용하여 만드는데, 수분 함유량을 낮추어 연소율을 높이고 탄소 배출량을 줄였다. 캠핑장같이 기존에 목재 난로를 사용하던 곳들은 물론 산업용으로도 사용된다.

때때로 캠핑을 할 때면 나의 편의를 위해 자연을 훼손하는 것 같아 썩 유쾌하지 않은 기분이 들곤 한다. 그럴 때면 내가 자연을 취하는 것이 아니라 그 속에 어우러져 함께 생활하는 것을 기본에 두고 행동하려고 노력한다. 캠핑을 하는 횟수가 늘어날수록 자연과 환경을 생각하는 마음 또한 커지고 있음을 느낀다. 심각하고 진지하게 거창한 활동을 하지 않아도 괜찮다. 작은 관심으로 바꾸어 본 장비 하나가 환경보호에 긍정적인 효과를 내기도 한다. 작은 노력이 쌓여 나는 물론 다른 사람, 다음 세대에도 영향을 미친다.

이 책의 인세 중 10%는 환경단체 '(사)생명의숲국민운동'에 기부된다. 독자가 캠핑에 대한 궁금증을 해결하기 위해 지불할 금액이 생명의숲을 통해 자연을 지키는 소중한 밑거름이 된다. 어렵고 멀게만 느껴지던 환경보호가 때로는 좋아하는 옷 한 벌, 책 한 권 사는 것으로도 이루어진다. 자신이 할 수 있는 행동 한가지씩만 실천한다면 우리가 살고 있는 지구의 자연을 더욱 더 아름답게 보존할 수 있지 않을까.

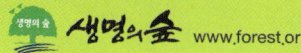 www.forest.or.kr

에필로그
Epilogue

어릴 때는 막연하게 한국이 외국에 비해 재미없는 곳이라고 생각했다. 국내 여행은 시시하다고 치부하고 여행할 기회가 생기면 해외로 눈을 돌렸다. 그러던 중 사회로 나와 일을 시작하게 되었다. 해외 여행을 떠나고 싶지만 시간이 나지 않아서, 금전적인 여유가 없어서 포기해야 하는 경우가 생겼고 어쩔 수 없이 국내 여행을 시작했다. 그렇게 캠핑을 접했다.

처음에는 역시나 시시하다고 생각했다. 하지만 시간이 지날수록 우리나라의 금수강산에 빠져드는 나를 보았다. 생각해보면 사계절을 모두 겪을 수 있는 나라도 드물다. 그래서 우리는 한여름 푹푹 찌는 무더위를 피해 강으로 바다로 캠핑을 떠나고, 눈이 오는 날 사서 고생을 하며 자신의 젊음을 시험해 볼 수 있다. 도심에서는 느낄 수 없는 국내 여행의 매력을 캠핑을 통해 알게 되었다. 매번 다르고 다양한 경험을 선사해주는 캠핑을 어찌 사랑하지 않을 수 있을까.

가끔 반드시 고정된 방식으로 캠핑을 즐겨야 한다고 주장하는 선배들을 만나는 경우도 있다. 캠핑의 룰은 누가 정했을까? 수십 년 캠핑을 즐겼다고 해서 캠핑의 법칙을 정하고 타인의 방식을 인정하지 않을 권리는 생기지 않는다. 누군가는 핸드폰 신호도 터지지 않는 오지에서의 캠핑이 진짜라고 주장하지만 다른 누군가는 도심 속 캠핑장에서 캠핑을 한다. 이 모두가 진짜 캠핑이다. 나는 초보 캠퍼가 주체적으로 행동하기를 바란다. 선배 캠퍼를 그대로 답습할 것이 아니라 나에게 맞는 방식이 무엇인지를 먼저 생각해보는 건 어떨까. 앞서 캠핑을 즐기던 사람들의 방법이 틀린 것은 아니지만 나와 맞지 않을 수도 있다.

내가 캠핑책을 만든다고 했을 때 의문을 품은 이도 있을 것이다. 나는 캠핑의 무한한 가능성을 믿었다. '텐트 빨리 치기 대회'나 '짐 빨리 쌓기 대회'로 캠핑 능력을 수치화 하지 않는 이상 나에게도 가능한 일이라고 생각했다. 만약 그런 대회가 있다면 아마도 나는 꼴찌이리라.

천천히, 각자가 원하는 방식대로, 모두가 즐길 수 있는 것이 캠핑이다. 매듭 묶는 것이 서투르고 텐트 설치가 엉성하면 어떠한가 나만 좋으면 그만인 것을. 그래서 이 책에서는 끊임없이 '캠핑이 주는 자유'에 대해서 이야기하고자 했다. '이렇게 할 수도 있지만 저렇게 할 수도 있다.' '이렇게 하는 것이 맞지만 저것도 틀리지 않다.'는 식의 설명은 초보 캠퍼에게 어렵고 무책임하게 들릴 수 있다. 하지만 이제 막 시작하는 캠퍼가 선택할 수 있는 다양한 가능성을 단편적인 의견으로 차단하고 싶지 않았다. 이 책은 정답이 아니다. 정답은 다양한 캠퍼가 즐기는 다양한 캠핑이라고 말하고 싶다. 그리고 그것이 내가 캠핑을 사랑하는 이유다.

CAMPING SPOT 95
캠핑장 완전 정복

이제 캠핑장으로 떠나기만 하면 된다. 어디로 갈지 고민이 된다고? 걱정 말라. 직접 전국을 누비며 검증한 캠핑장을 아낌없이 소개한다. 전국의 캠핑장을 테마로 나누어 소개하므로 더욱 쉽고 빠르게 나에게 맞는 캠핑장을 찾을 수 있다.

아이콘 가이드

 1년 내내 이용 가능

 0월~0월 사이에 이용 가능

 겨울철 이용 불가

 화장실 있음

 샤워실 있음

 온수 사용 가능

 전기 사용 가능

 무선 인터넷 사용 가능

 매점 있음

 화로대 사용 가능

 텐트 대여 가능

	무료 이용	1만원 이하	선착순	물놀이 시설 보유	강, 계곡 인접
서울		노을공원 캠핑장			북한산 인수봉 야영장
경기도	산정호수	축령산 자연휴양림	팔현캠프		국망봉 자연휴양림
		매화미르마을 캠핑장			백로주 유원지 휴양림
		용문산 자연휴양림			양촌다원 캠핑장
강원도	동남천	가리왕산 자연휴양림		솔섬 오토캠핑장	태백 당골 야영장
		용화산 자연휴양림			칠랑이계곡 장산 야영장
		태백공원 자연휴양림			
전라도	석문공원	가학산 자연휴양림	선운산 도립공원 야영장	낙안민속 자연휴양림	웅포관광지 캠핑장
	웅천 친수공원	백운산 자연휴양림			
충청도	고복 호수공원	금관숲	**월악산 국립공원**	성주산 자연휴양림	다리안관광지
	대덕숲 유원지	소선암공원	월악산 닷돈재 야영장	조령산 자연휴양림	새밭야영장
	용연 청소년야영장	송호 국민관광지	월악산 덕주 야영장	칠갑산 자연휴양림	소선암 오토캠핑장
	지수리강변		월악산 송계 자동차야영장		의풍분교 오토캠핑장
					적벽강 오토캠핑장
					천동 국민관광지야영장
					청천 유료야영장
					화양동 야영장
경상도	메타세콰이어숲 캠핑장	청송 자연휴양림	송림공원		겨울나그네의 홀리데이파크
	봉길해수욕장	오각 놀이공원			빙계야영장
		하동 평사리공원			**운문산**
					삼계리 야영장
					수리덤계곡 오토캠핑장
					생금비리쉼터
					운문산 자연휴양림
					자연속
					청도운문사 소머리야영장

바다 인접	텐트 대여 가능	숙박시설 인접	별도 프로그램 가능
	강동 그린웨이캠핑장		중랑 캠핑숲
	난지 캠핑장		
동막 해변	반디캠프		뷰식물원
	풀꽃나라 반디캠프		수안산 체험학습장
	캠핑라운지		
기사문 해수욕장		조봉민박	산솔 캠프장
		주천강 강변 자연휴양림	초동골
		청태산 자연휴양림	
		제암산 자연휴양림	파도목장
변산반도 국립공원			
격포 해수욕장			
고사포 해수욕장			
땅끝 오토캠핑장			
태안반도	희리산 해송 자연휴양림	옥화 자연휴양림	개화 예술공원
몽산포 해수욕장			아산 기쁨두배마을캠핑장
석갱이 오토캠핑장			
안면도 캐라반파크			
청포아일랜드 캠핑장			
학암포 오토캠핑장			
상족암 군립공원 야영장		토함산 자연휴양림	밀양 영화학교
하서 해안공원			

제주도
- 관음사 야영장
- 모구리 야영장
- 중문 색달해변

무료로 이용할 수 있는 캠핑장

별도의 비용 없이 이용할 수 있어 가벼운 마음으로 캠핑을 떠날 수 있다. 주로 선착순으로 캠퍼를 받고 있으니 도착해서 허탕치지 않으려면 출발 전 미리 전화를 통해 분위기를 살피자.

01 산정호수 ★★★★

산중에 묻혀있는 우물 같은 호수라 하여 '산정'이라 이름 붙여진 이곳은 호수를 한 바퀴 도는 트레킹 코스가 인기다. 수도권과 인접해 있을 뿐만 아니라 캠핑장이 무료로 운영되고 있어 가볍게 캠핑을 떠나기에 좋다.

ADD	경기도 포천시 영북면 산정리 191
TEL	031-532-6135
WEB	http://www.sjlake.co.kr
예약방법	선착순
이용요금	무료
바닥	모래사장, 잔디

02 동남천 ★★★

개미들마을을 감아 흐르는 동남천은 높은 바위 절벽과 맑은 강물의 조화가 아름다운 곳이다. 플라이낚시 마니아들에게 유명한 곳으로 정식 캠핑장이 아니어서 부대시설이 없다는 불편함이 있지만 아름다운 자연과 낚시, 캠핑을 즐기기에 이만한 장소도 없다.

ADD	강원도 정선군 남면 낙동 2리
예약방법	선착순
이용요금	무료
바닥	파쇄석

03 석문공원 ★★★★

일부 구간에 파쇄석이 깔려 있는 소나무 숲으로 자유로이 텐트를 펼 수 있다. 약수 개수대가 있어 바로 음용이 가능하며 바로 옆 계곡물에서 낚시도 할 수 있다. 캠핑장 근처에 주차장이 있어 짐을 옮기기가 편하다.

ADD	전남 강진군 도암면 석문리 산63-2
TEL	061-430-5601
예약방법	선착순
이용요금	무료
바닥	솔밭, 파쇄석

04 웅천 친수공원 ★★★★★

여수 엑스포를 위해 생긴 해변 야영장으로 완전 무료이며 시설이 깔끔하다. 바닷물이 빠지면 해변 바로 앞에 보이는 섬으로 걸어서 이동할 수 있다. 건너편 공원에는 엑스 게임장이 있어서 스케이트 보드, BMX, 인라인 스케이트 등을 즐길 수 있다. 근처에 할인마트, 카페, 음식점 등이 산재해있어서 편의시설 이용이 용이하다.

ADD	전남 여수시 웅천동 1962
TEL	061-690-2356
예약방법	선착순
이용요금	무료
바닥	나무 데크

산정호수

웅천 친수공원

동남천

대덕숲 유원지

05 고복 호수공원 ★★★

연기군 서면에 위치한 군립공원으로 정식 야영장은 아니지만 누구나 자유롭게 캠핑이 가능하다. 여름에는 아이들을 위한 수영장이 무료로 운영되며 바로 앞에 위치한 고복지 저수지에서 배스 낚시가 가능하다. 캠핑장으로 지정된 곳이 아니므로 취사는 피하는 것이 좋다.

ADD	충남 연기군 서면 용암리 208-5
TEL	041-861-2291~3(연기군청 문화관광과), 041-861-2114(연기군 서면 면사무소)
예약방법	선착순
이용요금	무료
바닥	잔디

06 대덕숲 유원지 ★★★

아담한 캠핑장으로 근처에 아이들이 물놀이를 할 수 있는 작은 개울이 흐르고 있다. 캠핑뿐만 아니라 가벼운 나들이를 즐기기에도 적합하다.

ADD	충북 청원군 미원면 대덕리 266-1
TEL	043-225-9510, 043-222-0863, 011-460-0864
예약방법	선착순
이용요금	무료
바닥	파쇄석

07 용연 청소년야영장 ★★★

청소년을 위해 동천안 청년 회의소에서 무료로 위탁 운영 중인 캠핑장이다. 50년 이상의 경력을 가진 관리인이 깔끔하게 관리하고 있다. 청소년 단체의 행사가 없을 때는 일반인도 무료로 이용이 가능하다.

ADD	충남 천안시 동남구 목천읍 교촌리 산19-1
TEL	041-556-4406
예약방법	전화 예약
이용요금	무료
바닥	자갈, 모래사장

08 지수리 강변 ★★★★

금모래휴게소 아래 강변은 낚시와 캠핑으로 유명하다. 강가를 따라 많은 장소에서 캠핑이 가능하다. 금강 휴게소에서 12km가량 떨어져 있어 편의시설 사용이 용이한 편이며 길 찾기가 편하다.

ADD	충북 옥천군 안남면 지수리 강변 일대
이용요금	무료
바닥	모래사장

지수리 강변

09 메타세콰이어숲 캠핑장 ★★★

경주에 벚꽃이 피는 4월 둘째 주에 가면 경주 IC부터 야영장까지 아름답게 수놓은 벚꽃의 향연을 감상할 수 있다. 메타세콰이어 숲은 야영이 금지되어 있다는 팻말이 있으나 실제로 제재는 하지 않는다. 하지만 주변 상권에서 불편을 느낄 만큼의 과도한 행동은 자제하는 편이 좋다.

ADD	경북 경주시 천군동 205
TEL	054-745-7601
예약방법	선착순
이용요금	무료
바닥	솔밭

10 봉길해수욕장 ★★★

해수욕장과 도로 사이에 형성된 소나무 숲에서 캠핑이 가능하다. 모래사장과 파쇄석, 솔밭이 섞인 독특한 지형이다. 근처 민박집에 숙소를 정하고 해수욕장에서 노는 동안만 캠핑을 즐기는 것도 좋다.

ADD	경북 경주시 양북면 봉길리
TEL	054-774-8746, 054-779-6320~2,3
예약방법	선착순
이용요금	무료
바닥	모래사장, 파쇄석, 솔밭, 자갈

1만원 이하 캠핑장

만원 한 장으로 밥 한끼 사먹기도 팍팍한 현실이지만, 다음의 캠핑장에서는 숙박을 해결할 수 있다. 전기 사용료 등은 따로 부가가 되기도 하니 출발 전 미리 확인해보자.

11 노을공원 캠핑장 ★★★★★

골프장을 목표로 개발되었던 구역으로 고급스러운 잔디밭이 펼쳐져 있으며, 서울 도심에 위치해 있다고 믿기 어려운 경관을 자랑한다. 다만 주차장과 캠핑장의 거리가 멀어 '맹꽁이 전기차'에 짐을 싣고 캠핑장 입구로 가서 입구부터는 카트로 짐을 실어 날라야 한다는 불편함이 있다.

ADD	서울시 마포구 성산동 390-1
TEL	02-304-3213, 070-4236-8952
WEB	http://worldcuppark.seoul.go.kr/guide/camp5_1.html
예약방법	홈페이지 예약
이용요금	10,000원, 전기사용 시 13,000원
바닥	잔디

12 축령산 자연휴양림 ★★★★★

서울에서 약 1시간 정도 떨어진 거리에 위치해 있어 이동이 용이하다. 축령산과 서리산으로 이어지는 등산로는 울창한 잣나무 숲으로 이루어져 있어 백패킹을 즐기기에 좋다.

ADD	경기도 남양주시 수동면 축령산로 299
TEL	031-592-0681
WEB	http://www.chukryong.net
예약방법	홈페이지 예약
이용요금	4,000원
바닥	나무 데크

13 매화미르마을 캠핑장 ★★★

민통선 내부에 위치한 캠핑장으로 반드시 검문소에서 신분확인 후에 들어갈 수 있다. 캠핑장 내 저수지나 근처 수로에서 낚시를 즐길 수 있다. 망원경을 이용하면 북한을 볼 수 있어 이색적이다. 대학생 관리인이 관리하고 있다.

ADD	경기도 김포시 월곶면 용강리 267-2
TEL	010-2680-3612
WEB	http://cafe.naver.com/healringbobocamp
예약방법	전화 예약, 카카오톡 예약 (아이디 : kjj105)
이용요금	10,000원 / 전기 : 5,000원
바닥	모래사장

14 용문산 자연휴양림 ★★★★

다양한 크기의 나무 데크를 갖추고 있다. 아름드리 나무가 시원한 그늘을 만들며 바로 옆으로는 맑은 계곡이 흐르고 있어서 쾌적한 캠핑을 즐길 수 있다.

ADD	경기도 양평군 양평읍 약수사길 78-14
TEL	031-775-4005
WEB	http://www.ypforest.com
예약방법	선착순
이용요금	비수기 평일 4,000원, 주말,성수기 6,000원
바닥	나무 데크

15 가리왕산 자연휴양림 ★★★

한여름에도 차가운 바람을 내뿜는 얼음동굴이 입구에 위치해 있어 이른 아침 기온차로 인해 만들어지는 뿌연 안개가 진풍경이다. 오토캠핑장 한 곳과 일반캠핑장 두 곳, 총 세 곳의 캠핑장을 갖추고 있다. 모든 사이트가 데크로 이루어져 있으며 테이블을 갖추고 있어 이용이 편리하다.

ADD	강원도 정선군 정선읍 가리왕산로 707
TEL	033-562-5833(휴양림 관리 사무소)
WEB	http://www.huyang.go.kr (국립 자연휴양림 관리소)
예약방법	홈페이지 예약
이용요금	국립 자연휴양림 기준
바닥	오토캠핑장 : 파쇄석 / 일반 : 흙바닥
별도 프로그램	숲해설, 목공예

16 용화산 자연휴양림 ★★★

캠핑장 입구로 진입하면 오르막길을 따라 좌우로 다양한 크기의 나무 데크가 마련되어 있다. 근처 음식점에 매점이 있어서 간단한 군것질거리 정도는 구입할 수 있다.

ADD	강원도 춘천시 사북면 사여골길 294
TEL	033-243-9261
WEB	http://www.huyang.go.kr/user/forest/User_contentIntro.action?rcode=35&mcode=55&hcode=0222
예약방법	홈페이지 예약
이용요금	데크 크기에 따라 6,000원, 7,000원 / 주차비 : 3,000원
바닥	나무 데크
별도 프로그램	숲해설

17 태백고원 자연휴양림 ★★★

한여름에도 시원한 태백산맥에 위치한 야영장으로 7,8월에만 한시적으로 운영한다. 휴양림 내 가장 높은 곳에 캠핑장이 위치해 있지만 차로 이동이 가능하다. 근처에 계곡물이 흐르고 있다. 데크간의 간격은 좁은 편이며 구간에 따라 휴대폰 신호가 미약할 수 있다.

ADD	강원도 태백시 머리골길 153
TEL	033-582-7440, 033-582-7238
WEB	http://forest.taebaek.go.kr
예약방법	홈페이지 예약
이용요금	입장료 : 성인 2,000원, 청소년, 군인 1,500원, 어린이 1,000원 / 주차비 : 3,000원 / 이용료 : 4,000원
바닥	솔밭

18 가학산 자연휴양림 ★★★

물놀이장과 토끼, 원숭이, 조류 등을 관찰할 수 있는 학습관을 갖추고 있어 아이들과 함께 찾기에 좋은 캠핑장이다. 파쇄석으로 이루어진 넓은 야영장과 나무 데크가 있으며 데크에서는 전기 이용이 가능하다. 샤워시설은 없지만 화장실과 개수대에서 온수 사용이 가능하다.

ADD	전남 해남군 계곡면 가학리 산1
TEL	061-535-4812
WEB	http://gahak.haenam.go.kr
예약방법	전화 예약
이용요금	일반 5,000원, 데크 10,000원
바닥	파쇄석, 나무 데크
별도 프로그램	숲해설 (9월부터)
별도 숙박시설	펜션

19 백운산 자연휴양림 ★★★

입구에서 차를 타고 500m 정도 올라가면 오토캠핑장이 위치해있다. 각 데크마다 테이블을 갖추고 있어 편리하다. 근처에 백운지라는 큰 저수지가 있어 낚시가 가능하다.

ADD	전남 광양시 옥룡면 백계로 337
TEL	061-797-2655~6
WEB	http://bwmt.gwangyang.go.kr
예약방법	선착순
이용요금	입장료 : 1,000원 / 이용료 : 4,000원
바닥	나무 데크
별도 프로그램	숲해설, 목공예

21 소선암공원 ★★★★

공원 내 주차가 불가능하므로 짐을 내려 놓은 뒤 다시 주차장으로 이동해야 한다. 하지만 저렴한 가격으로 캠핑장을 이용할 수 있으며 공원 옆으로 흐르는 단양천에서 물놀이가 가능하다. 사이트는 솔밭과 원두막 데크 중 선택할 수 있다. 개수대에서 제한적으로 전기를 사용할 수 있다.

ADD	충북 단양군 단성면 가산리
TEL	043-420-3544
예약방법	선착순
이용요금	1,000원
바닥	솔밭

20 금관숲 ★★★★

옥화 9경 중 6경에 해당되는 금강숲 안에서 오토캠핑이 가능하다. 캠핑장 바깥에 주차한 뒤 안으로 짐을 옮겨야 한다. 삼거리 바로 옆에 위치해 있지만 차량통행이 그리 많지 않다. 커다란 소나무 숲이 만들어주는 그늘이 좋은 캠핑장이다.

ADD	충북 청원군 미원면 금관리 122-1
TEL	011-9417-9115
예약방법	선착순
이용요금	일반텐트 : 10,000원, 대형 텐트나 타프 설치 시 추가비용 발생 / 전기 : 5,000원
바닥	솔밭

22 송호 국민관광지 ★★★★

주차장에 차를 주차하고 리어카로 짐을 옮겨야 한다. 넓은 소나무 그늘이 드리워져 있어 한여름에도 시원하다. 바로 옆으로 흐르는 금강에서 물놀이를 즐길 수 있다. 청소년 단체가 전체 시설을 이용하는 경우가 많아 미리 전화로 문의하는 것이 좋다.

ADD	충북 영동군 양산면 송호리 299-1
TEL	043-740-3228
예약방법	선착순
이용요금	입장료 : 성인 1,000원, 청소년 800원, 어린이 500원 / 이용료 : 텐트 3,000원, 타프 1,500원
바닥	솔밭

23 청송 자연휴양림 ★★★

휴양림을 둘러싼 산 허리에 등산로가 있어 캠핑과 산행을 즐기기에 좋은 환경을 갖추고 있다. 캠핑 데크가 다양하게 나뉘어져 있고 숙소 근처에 위치한 데크도 있어 따로 숙소를 잡아도 좋다. 화장실, 개수대, 샤워실이 갖춰져 있어 편리하다.

ADD	경북 청송군 부남면 청송로 3478-96
TEL	054-872-3163, 054-870-6530
WEB	http://www.csforest.co.kr
예약방법	선착순
이용요금	입장료 : 성인 1,000원, 청소년, 군인 600원. 어린이 300원 / 주차료 3,000원 / 이용료 : 일반캠핑장 2,500원, 데크 5,000원
바닥	파쇄석

24 오각 놀이공원 ★★★★

주인장의 각별한 자연사랑을 느낄 수 있는 곳이다. 잔디 운동장은 철저하게 관리하고 있어 텐트를 펼 수 없지만 운동장 밖 나무 그늘을 이용할 수 있다. 폐교 건물을 감싸고 있는 키위나무와 등나무가 독특한 분위기를 자랑한다.

ADD	경북 영천시 화남면 구전리 414-3
TEL	054-337-5959, 011-806-4741
WEB	http://www.okpk.co.kr
예약방법	전화 예약
이용요금	성인 10,000원, 초등학생 5,000원. 유아 3,000원
바닥	솔밭

25 하동 평사리공원 ★★★★

쌍계사, 허준 촬영지, 최참판댁, 화개장터 등 유명 관광지가 근처에 산재해있다. 주차장 바로 앞 큰 그늘막이 명당자리다.

ADD	경남 하동군 악양면 평사리 7
TEL	055-883-9004
예약방법	선착순
이용요금	입장료 : 1,000원 / 이용료 : 10,000원 / 전기 : 5,000원
바닥	잔디

청송 자연휴양림

하동 평사리공원

예약이 필요 없는 선착순 캠핑장

'급' 캠핑을 떠나는데 전화하는 캠핑장마다 예약이 차 있다면 다음을 눈여겨보자. 새벽 안개를 뚫고 도착한 캠핑장에는 기적처럼 당신을 기다리는 빈 사이트가 있을 것이다.

26 팔현캠프 ★★★★★

정해진 사이트 규격이 없어서 산 전체를 캠핑장으로 이용할 수 있다. 마치 원시림에 온 것 같은 착각을 일으키는 빽빽한 잣나무숲이 인상적이다. 서울에서 가까운 거리에 위치해 있지만 깊은 자연의 맛을 느낄 수 있다.

ADD	경기도 남양주시 오남읍 팔현리 20
TEL	031-575-3688
WEB	http://www.tourup.co.kr/BzHome/?param=jaja1937
예약방법	선착순
이용요금	25,000원
바닥	솔밭

27 선운산 도립공원 야영장 ★★★★★

가을철 붉게 물든 단풍나무가 절경을 이루는 선운산에 위치한 캠핑장이다. 예약이 필요없는 무료 캠핑장임에도 개수대와 화장실 같은 편의시설이 잘 갖추어져 있다. 캠핑장 바로 옆으로 숙박업소와 식당이 즐비하다.

ADD	전북 고창군 아산면 삼인리 392-5
TEL	063-563-3450
예약방법	선착순
이용요금	무료
바닥	흙바닥

월악산 국립공원

총 3곳의 야영장을 송계 계곡이 관통해 흐르고 있다. 성인의 입수는 금지되어 있으며 어린아이만 물놀이가 가능하다. 안전한 화로대 장비를 갖추면 숯불 이용이 가능하다.

28 월악산 닷돈재 야영장 ★★★★

ADD	충북 충주시 수안보면 미륵리
TEL	043-653-3250
WEB	http://worak.knps.or.kr
예약방법	선착순
이용요금	주차료 : 5,000원 / 이용료 : 성인 2,000원, 청소년 1,500원, 어린이 1,000원
바닥	솔밭

29 월악산 덕주 야영장 ★★★★

ADD	충북 제천시 한수면 송계리
TEL	043-653-3250
WEB	http://worak.knps.or.kr
예약방법	선착순
이용요금	주차료 : 5,000원 / 이용료 : 성인 2,000원, 청소년 1,500원, 어린이 1,000원
바닥	솔밭

30 월악산 송계 자동차야영장 ★★★★

ADD	충북 충주시 수안보면 미륵리
TEL	043-653-3250
WEB	http://worak.knps.or.kr
예약방법	선착순
이용요금	주차료 : 5,000원 / 이용료 : 성인 2,000원, 청소년 1,500원, 어린이 1,000원
바닥	콘크리트

31 송림공원 ★★★★★

천연기념물 425호이자 경상남도 기념물 제 55호인 하동 송림은 바로 옆에 캠핑장이 위치해 있다. 햇빛을 피할 수 있는 공간이 전체의 반에 불과하지만 일찍 자리를 잡으면 그늘진 쪽을 차지할 수 있다.

ADD	경남 하동군 하동읍 광평리
TEL	055-880-2761
WEB	http://tour.hadong.go.kr
예약방법	선착순
이용요금	무료
바닥	흙바닥

물놀이 시설이 있는 캠핑장

더운 여름, 물놀이만큼 시원한 피서가 또 있을까? 정신이 번쩍 들 만큼 시원한 물에서 첨벙대다 보면 스트레스는 멀리 날아간다.

32 솔섬 오토캠핑장 ★★★★

휘닉스파크 근처에 위치한 캠핑장으로 내부에 송어 양식장이 있어 신선한 송어회를 먹을 수 있다. 물놀이 공간은 물론 ATV를 즐길 수 있는 코스도 마련되어 있다.

ADD	강원도 평창군 봉평면 유포리 227
TEL	033-333-1001, 011-399-1232
WEB	http://solsum.com
예약방법	홈페이지 예약
이용요금	전기 미사용 : 25,000원, 전기 사용 : 30,000원 장비대여 시 : 85,000원
바닥	솔밭

33 낙안민속 자연휴양림 ★★★

낙안읍성민속마을과 순천만 자연생태공원이 가까이에 있다. 데크 근처에 주차가 가능하다. 캠핑장 내로 계곡물이 흐르고 있으나 입수가 금지되어 있으며 별도의 수영장을 운영하고 있다.

ADD	전남 순천시 낙안면 동내리 산3-1
TEL	061-754-4400
WEB	http://www.huyang.go.kr/user/forest/User_contentIntro.action?rcode=35&mcode=55&hcode=0200
예약방법	홈페이지 예약
이용요금	국립 자연휴양림 기준
바닥	나무 데크

34 성주산 자연휴양림 ★★★★

다른 휴양림에 비해 규모가 월등히 큰 물놀이 시설을 갖추고 있다. 아토피 피부염에 효과가 좋다는 편백나무 숲길이 조성되어 있어 온 가족이 함께 찾기에 좋은 캠핑장이다.

ADD	충남 보령시 성주면 성주리 산39
TEL	041-934-7133, 041-930-3529
WEB	http://seongjusan.brcn.go.kr
예약방법	선착순
이용요금	2,000원
바닥	파쇄석, 나무 데크

35 조령산 자연휴양림 ★★★★★

보통 자연휴양림과는 요금이나 운영구조가 다르다. 덜 알려진 편으로 성수기에 찾으면 좋다. 1~2인용 텐트를 칠 수 있는 데크 3,4개가 있으며 그 외에는 자갈바닥이다. 주변에 백두대간 생태 교육장이 있어 아이들과 함께 찾기에 좋다.

ADD	충북 괴산군 연풍면 산1-1
TEL	043-833-7994
WEB	http://jof.cbhuyang.go.kr
예약방법	선착순
이용요금	3,000원
바닥	나무 데크, 파쇄석

36 칠갑산 자연휴양림 ★★★

한여름에는 아이들을 위한 물놀이 시설을 무료로 운영하고 있다. 데크 바로 옆에 주차를 할 수 있어 편리하다. 청양고추로 유명한 청양 시내에서 가깝다.

ADD	충남 청양군 대치면 칠갑산로 668-103
TEL	041-940-2428
WEB	http://www.chilgapsan.net
예약방법	홈페이지 예약
이용요금	20,000원
바닥	나무 데크

> **강이나 계곡과 인접한 캠핑장**
>
> 강이나 계곡과 인접한 장소치고 절경이 아닌 곳이 없다. 시원하게 흐르는 물줄기를 바라보며 맛있는 요리를 해 먹고, 해먹에 누워 잠을 청해보자. 그야말로 신선이 따로 없다.

37 북한산 인수봉 야영장 ★★★★

일반적으로 북한산 국립공원에서의 야영은 금지되어 있지만 대학산악연맹에서 추천서를 발급 받으면 이용이 가능하다. 주로 해외 원정을 앞둔 등반가들이 이용하는 비밀 야영장이라 할 수 있다.

ADD	서울시 도봉구 도봉동 북한산 국립공원 내 인수대피소 근처
예약방법	대한산악연맹 추천서 필요
이용요금	2,000원
바닥	자갈, 솔밭

38 국망봉 자연휴양림 ★★★★★

개인 캠퍼를 받지 않으며 5팀 이상이 함께 예약을 해야 이용할 수 있다. 일행과 오붓한 시간을 즐기기에 더할 나위 없이 좋은 조건이다. 별도의 편의시설이 없어 조금 불편하지만 계곡과 멋진 풍경으로 많은 캠퍼에게 사랑 받고 있다.

ADD	경기도 포천군 이동면 장암리 산74
TEL	031-532-0014, 010-2234-5522
WEB	http://cafe.daum.net/hookmang
예약방법	전화 예약
이용요금	20,000원
바닥	잔디
별도 숙박시설	펜션

39 백로주 유원지 휴양림 ★★★★★

포천천의 맑은 물과 백로암의 기묘한 형태가 절경을 이루는 백로주 유원지는 포천팔경 중 하나로 꼽힌다. 4만평에 달하는 넓은 부지에 잔디, 모래사장, 저수지 등이 있어 온 가족이 함께 캠핑을 즐기기에 적합한 장소다.

ADD	경기도 포천시 영중면 금주리 694-1
TEL	033-532-1001, 6600
WEB	http://www.bagroju.co.kr
예약방법	전화 예약, 방문 예약
이용요금	25,000원 (전기 포함)
바닥	잔디

40 양촌다원 캠핑장 ★★★★

한옥으로 지어진 관리동이 인상적인 양촌다원 캠핑장은 A부터 F까지 나뉘어진 구역에서 25동 이상의 텐트를 설치할 수 있다. 화장실과 샤워실이 깔끔해 여성 캠퍼들에게 각광받고 있다.

ADD	경기도 양평군 서종면 수입리 435
TEL	010-8366-6547
WEB	http://cafe.naver.com/campzzang
예약방법	홈페이지 예약
이용요금	30,000원
바닥	잔디

41 태백 당골 야영장 ★★★

호젓한 캠핑을 기대하고 찾았다가는 실망하기 쉽다. 바로 앞 계곡 건너편에 민박집 단지와 인공 암벽이 있어 늘 사람이 붐빈다. 한가함을 느끼기는 힘들지만 근처 상권 덕분에 필요한 물품을 쉽게 구입할 수 있다. 또한 쓰러진 나무가 지천이라 쉽게 장작을 구할 수 있다.

ADD	강원도 태백시 소도동 322-3
TEL	033-550-2741
예약방법	선착순
이용요금	5인용 미만 소형 텐트 3,000원, 5~10인용 텐트 5,000원, 10인용 이상 대형 텐트 7,000원
바닥	솔밭

42 칠랑이계곡 장산 야영장 ★★★★★

최근 나무 데크와 소나무숲, 파쇄석 사이트를 갖추어 깔끔하게 오픈했다. 싱그러운 자연의 내음을 만끽할 수 있으며 태백산 깊은 곳에 위치해 있음에도 불구하고 음식을 배달해 먹을 수 있다. 칠랑이계곡을 따라 이동하면 장산 야영장이 아니더라도 무료로 캠핑이 가능한 곳이 다수 있다.

ADD	강원도 영월군 상동읍 천평리
TEL	상동 번영회 관리인 010-5366-3713, 010-9265-1308, 010-9246-6317
예약방법	선착순
이용요금	입장료 : 1,000원 / 이용료 : 5,000원 / 텐트 렌탈 : 1동 10,000원, 등마루 : 소 10,000, 중 20,000원, 대 50,000원, 천막 : 70,000원
바닥	솔밭

43 웅포관광지 캠핑장 ★★★★

익산 웅포라는 이름으로 더욱 친근한 이곳은 시범 운영을 해오다 얼마 전 정식 개장 했다. 앞으로의 운영을 통해 캠핑장의 규칙을 잡아갈 예정이라고 한다.

ADD	전북 익산시 웅포면 웅포리 728-2
TEL	063-859-3846(관리사무실), 063-859-5871(익산시 문화관광과)
WEB	http://camping.iksan.go.kr
예약방법	홈페이지 예약
이용요금	일반 캠핑장 10,000, 오토캠핑장 15,000원
바닥	잔디

44 다리안관광지 ★★★★

소백산 국립공원 내에 있다. 캠핑장과 주차장이 조금 떨어져 있어 짐을 옮길때 다소 불편할 수 있다. 데크 야영장에서는 전기 사용이 가능하며 작은 텐트의 경우 원두막 데크를 이용할 수 있어 우천시 편리하다. 백패킹 캠핑 장소로도 적합하다.

ADD	충남 단양군 단양읍 천동리 380-16
TEL	043-423-1243
WEB	http://darian.dariantour.co.kr
예약방법	홈페이지 예약
이용요금	데크 11,000원
바닥	나무 데크, 파쇄석

45 새밭야영장 ★★★

소백산 국립공원 입구에 위치한 캠핑장. 바로 옆에 산천어가 사는 새밭계곡이 흐르고 있고 야영장 내 식수로 사용할 수 있는 약수터가 있다. 한여름에는 아이들을 위한 수영장이 문을 열며 근처에 소백산의 자연을 체험할 수 있는 한드미 마을이 있다.

ADD	충북 단양군 가곡면 어의곡리 88-4
TEL	010-2353-8607
예약방법	전화 예약
이용요금	20,000원 (쓰레기봉투, 전기 포함)
바닥	파쇄석

46 소선암 오토캠핑장 ★★★

소선암 공원과 5km 떨어진 위치에 자리잡은 오토캠핑장으로 캠핑카나 트레일러, 대형 텐트 등을 이용하기 적합하다. 하지만 전체적으로 그늘이 부족해 여름에 더위를 피하기가 쉽지 않다.

ADD	충북 단양군 단성면 상방리 290
TEL	043-423-0599
예약방법	선착순
이용요금	이용료 : 주말, 성수기 20,000원. 평일 16,000원 / 전기 : 3,000원
바닥	나무 데크, 콘크리트

47 의풍분교 오토캠핑장 ★★★

강원도, 경상도, 충청도의 경계면에 있다. 폐교를 이용한 캠핑장으로 색다른 느낌을 받을 수 있다. 근처의 맑은 계곡물에서는 낚시가 가능하다. 바로 앞에 작은 슈퍼가 하나 있으나 물건이 다양하지 못해 미리 장을 봐오는 것이 좋다.

ADD	충남 단양군 영춘면 의풍리 760
TEL	043-422-0061, 011-361-6859
예약방법	전화 예약
이용요금	문의
바닥	흙바닥

49 천동 국민관광지야영장 ★★★★

천동 동굴이 있는 관광지에 위치한 캠핑 단지로 콘크리트 바닥부터 잔디, 나무 데크까지 다양한 사이트를 갖추고 있다. 큰 규모의 수영장이 있어 여름철 온 가족이 찾기에 적당하다.

ADD	충남 단양군 단양읍 다리안로 534
TEL	043-423-3589
WEB	http://cheondong.dariantour.co.kr
예약방법	선착순
이용요금	20,000원 (수영장 별도 요금)
바닥	콘크리트, 모래사장, 나무 데크 등

48 적벽강 오토캠핑장 ★★★★★

수통리 마을주민이 관리하는 캠핑장으로 드넓은 잔디밭과 시원한 적벽강의 경치가 자랑거리다. 카누를 즐기는 캠퍼들이 자주 찾는 유명한 곳이다. 전기를 이용할 수 있지만 강가 근처에서는 꽤 긴 릴선이 필요하다. 개수대 뒤편에 사이트를 잡으면 전기 사용이 편하다.

ADD	충남 금산군 부리면 수통리 700
TEL	마을이장 길관석 010-6539-3338
예약방법	선착순
이용요금	이용료 : 15,000원 / 전기 : 5,000원
바닥	잔디

50 청천 유료야영장 ★★★

화양동 야영장과 대덕숲 근처에 위치한 캠핑장. 바로 옆 강가에서 낚시가 가능하다. 매점과 식당을 갖추고 있는 전형적인 행락지로 성수기에는 사람들로 붐빌 가능성이 높다. 메인 숙박시설로 보이는 큰 건물이 토지 분쟁에 휩싸여 캠핑장 한 켠에 서있다. 모래사장과 솔밭에서 캠핑이 가능하며 방갈로도 갖추고 있다.

ADD	충북 괴산군 청천면 후평리 201-1
TEL	043-833-4824
예약방법	전화 예약
이용요금	이용료 : 10,000원 / 전기 : 10,000원
바닥	모래사장, 솔밭

51 화양동 야영장 ★★★

구비구비 흐르는 화양천의 경치가 아름다운 곳이다. 화양천은 수심이 깊어 수영이 금지되어 있으나 낚시는 가능하다. 주변에 다수의 펜션이 위치해 있으며 걸어서 속리산 국립공원에 갈 수 있다.

ADD	충북 괴산군 청천면 후영리 492
TEL	043-832-4347
예약방법	선착순
이용요금	주차비 : 1000cc이하 2,000원, 1000cc이상 비수기 4,000원, 성수기 5,000원 / 이용료(비수기) : 성인 1,600원, 청소년 1,200원, 어린이 800원 / 이용료(성수기) : 성인 2,000원, 청소년 1,500원, 어린이 1,000원
바닥	솔밭, 콘크리트

적벽강 오토캠핑장

화양동 야영장

52 겨울나그네의 홀리데이파크 ★★★★

바로 옆으로 강물이 흐르고 있으며 화장실과, 개수대, 샤워실을 갖추고 있다. 온수 사용과 전기 사용이 가능하고 장작도 판매하는 등 편리하게 이용할 수 있다. 넓은 파쇄석 사이트로 이루어져 있다.

ADD	경남 밀양시 단장면 사연리 591
TEL	010-7306-3700
WEB	http://cafe.daum.net/holiday-park/
예약방법	홈페이지 예약
이용요금	주중 20,000원, 주말 25,000원
바닥	파쇄석

53 빙계야영장 ★★★★★

빙계 군립공원 내에 야영장과 피크닉장이 있다. 피크닉장은 넓지만 주차 후 짐을 들고 다리를 건너야 한다는 단점이 있고, 야영장은 근처에 주차가 가능하지만 사이트가 많지 않고 그늘이 없다. 7,8월 여름 성수기에만 요금을 받으며 근처에 위치한 빙계 8경을 즐길 수 있다.

ADD	경북 의성군 춘산면 빙계리 896-1
TEL	054-832-9717
예약방법	선착순
이용요금	무료
바닥	흙바닥

운문산

영남지방에는 해발 1000m가 넘는 운문산, 가지산, 고헌산 등이 산군을 이루며 솟아있는데 그 절경이 아름다워 영남알프스라 불린다. 운문산은 그중 경관이 아름다운 산으로 알려져 있다. 웅장한 암봉과 기암괴석, 울창한 수풀로 이루어져 있으며 다양한 캠핑장을 보유하고 있다.

54 수리덤계곡 오토캠핑장 ★★★★

운문산 자연휴양림에서 5km가량 떨어진 곳에 위치한 이곳은 각 사이트의 크기가 커 대형 텐트를 이용하는 캠퍼들이 찾기에 좋은 곳이다. 깨끗한 수리덤계곡에서 물놀이를 할 수 있으며 무료로 트램폴린을 이용할 수 있어 아이들이 좋아한다. 부지런한 관리인 부부가 깨끗하게 운영하기로 유명한 곳이다.

ADD	경북 청도군 운문면 신원리 산 2-3
TEL	010-8532-7111 (관리인)
WEB	http://cafe.daum.net/suridumautocamping
예약방법	홈페이지 예약
이용요금	이용료(비수기) : 25,000원~35,000원 / 이용료(성수기) : 30,000원~40,000원 / 전기 : 3,000원
바닥	나무 데크

수리덤계곡 오토캠핑장

55 삼계리 야영장 ★★★

운문산 초입 숙박업소와 음식점이 밀집되어 있는 지역에 위치한 캠핑장이다. 수리덤계곡 오토캠핑장과 3km정도 떨어져 있다. 캠핑장 내로 음식을 배달시킬 수 있고, 관리인에게 숙박업소를 소개받을 수도 있다.

ADD	경북 청도군 운문면 신원리 23
TEL	054-371-3440, 018-666-3309
WEB	http://blog.naver.com/sseab91
예약방법	전화 예약
이용요금	비수기 20,000원, 성수기 30,000원
바닥	파쇄석, 잔디
별도 숙박시설	펜션, 민박

56 생금비리 쉼터 ★★★

운문산 자연휴양림 정문 앞에 위치한 캠핑장. 원래는 방갈로를 이용할 수 있는 휴양지였으나 현재는 점차 캠핑의 비중이 높아지고 있다. 캠핑장 외 숙박업소를 운영하고 있으며 식사도 가능하다.

ADD	경북 청도군 운문면 신원리 13
TEL	010-3346-2598
WEB	http://www.생금비리.com
예약방법	전화 예약
이용요금	20,000원 (수영장 별도 요금)
바닥	파쇄석
별도 숙박시설	펜션, 민박, 방갈로

57 운문산 자연휴양림 ★★★★

운문산을 오르는 동안 울산 12경, 가지산 사계를 볼 수 있으며 이를 위해 이곳을 찾은 바이크 라이더를 많이 만날 수 있다. 휴양림은 세 군데로 야영장구역이 나누어져 있으며 근처에 계곡이 있기 때문에 시원한 캠핑을 즐길 수 있다.

ADD	경북 청도군 운문면 운문로 763
TEL	054- 373-1327
WEB	http://www.huyang.go.kr/user/forest/User_contentIntro.action?rcode=35&mcode=55&hcode=0195
예약방법	홈페이지 예약
이용요금	데크 4,000원부터
바닥	나무 데크
별도 숙박시설	펜션

59 청도운문사 소머리야영장 ★★★★

운문산 인공암벽장으로도 유명한 곳으로 이름처럼 소의 머리를 연상케 하는 거대한 인공암벽이 캠핑장 중간에 위치해 있다. 캠퍼들은 물론 인공암벽을 즐기는 전국의 등반가들이 즐겨 찾는 공간이다.

ADD	경북 청도군 운문면 신원리
TEL	011-201-0957 (관리인)
예약방법	선착순
이용요금	3,000원~5,000원
바닥	모래사장
별도 숙박시설	민박

58 자연속 ★★★★

운문산 끝자락에 위치한 캠핑장으로 깔끔한 한옥건물이 눈에 들어온다. 70동 이상의 텐트를 칠 수 있는 파쇄석 사이트로 이루어져 있다.

ADD	경북 청도군 운문면 신원리 519
TEL	010-9908-6488
예약방법	전화 예약
이용요금	5월 25,000원, 6월~7월 초순 30,000원, 7월 중순~8월 중순 40,000원, 9월 30,000원
바닥	파쇄석

생금비리 쉼터

자연속

바다와 인접한 캠핑장
파도소리를 들으며 잠이 들고, 아침이면 바로 바다로 뛰어들어갈 수 있는 바닷가 캠핑장. 근처에 위치한 횟집에서 맛있는 회 한 접시를 먹으면 여기가 바로 천국이다.

변산반도 국립공원
사적 및 명승지 제5호이며 국립공원 제9호로 지정되었다. 예로부터 해동의 10승지, 또는 조선팔경의 하나로 이름나 있는 곳으로 수려한 절경 속에서 캠핑을 즐길 수 있다.

60 동막 해변 ★★★

강화도 본섬에 위치한 해수욕장이다. 해변에 물이 빠지면 갯벌이 드러나는데 조개나 칠게, 고동 등 다양한 바다생물을 잡을 수 있어 아이들에게 좋은 체험학습장이 된다.

ADD	인천시 강화군 화도면 동막리
예약방법	선착순
이용요금	5월 25,000원, 6월~7월 초순 30,000원, 7월 중순~8월 중순 40,000원, 9월 30,000원
바닥	파쇄석

61 기사문 해수욕장 ★★★

캠핑과 서핑을 동시에 체험할 수 있는 곳이다. 근처 죽도와 하조대 해수욕장에서도 서핑이 가능하지만 해변에서의 캠핑은 금지되어 있다. 38해수욕장이라고도 불린다.

ADD	강원 양양군 현북면 기사문리
예약방법	선착순
이용요금	무료
바닥	백사장

62 격포 해수욕장 ★★★★

전라북도기념물 제28호인 채석강과 붙어있는 해수욕장이다. 주변에 큰 마트와 횟집도 있어서 편리하다. 유료 주차장에 주차를 하고 캠핑장까지 짐을 옮겨야 하며 화장실, 샤워실 등은 성수기에만 운영한다.

ADD	전북 부안군 변산면 격포리
TEL	063-582-7808
WEB	http://byeonsan.knps.or.kr
예약방법	선착순
이용요금	무료
바닥	자갈, 모래사장

63 고사포 해수욕장 ★★★★

7~8월에만 야영이 가능하다. 긴 모래사장과 맞붙어있는 넓은 솔밭에 텐트를 칠 수 있으며 시원하고 조용한 캠핑을 할 수 있다. 바다가 갈라지며 길이 생기는 것으로 유명한 하섬이 2km 근방에 있다. 허가 기간 외의 야영은 불법이다.

ADD	전북 부안군 변산면 운산리
TEL	063-582-7808
WEB	http://byeonsan.knps.or.kr
예약방법	선착순
이용요금	문의
바닥	솔밭

64 땅끝 오토캠핑장 ★★★★★

해남 땅끝마을 근처에 위치한 캠핑장으로 저렴한 가격과 훌륭한 시설을 갖추고 있다. 1년 내내 온수 이용이 가능한 샤워장과 세탁기, 가스레인지까지 갖추고 있다. 캐러밴이 12대 배치되어 있고 평일에는 저렴한 가격으로 이용할 수 있다.

ADD	전남 해남군 송지면 송호리 1245
TEL	061-534-0830
예약방법	선착순, 캐러밴은 9~10월부터 홈페이지나 전화로 예약
이용요금	일반(비수기) : 평일 10,000원, 주말 15,000원 일반(성수기) : 평일 15,000원, 주말 20,000원 / 캐러밴(비수기) : 평일 40,000원, 주말 50,000원 / 캐러밴(성수기) : 평일 80,000원, 주말 100,000원 / 쓰레기 봉투 : 1,000원
바닥	잔디, 모래사장

태안반도

충청남도 서남부에 위치한 좁고 긴 반도로 해안선이 매우 복잡하다. 반도의 최서단에는 천리포, 만리포, 연포, 몽산포 등의 유명한 해수욕장이 위치하고 있어 여름 캠핑장소로 주목을 받고 있다.

65 몽산포 해수욕장

몽산포 해수욕장을 바로 옆에 두고 캠핑을 할 수 있다. 소나무숲에 캠핑장이 조성되어 있어 삼림욕과 해수욕을 즐길 수 있다.

ADD	충북 태안군 남면 신장리 358-3
TEL	011-409-9600
예약방법	선착순
이용요금	15,000원
바닥	솔밭

66 석갱이 오토캠핑장

해수욕장 뒤에 주차가 가능하다. 바다가 보이는 곳에 텐트를 칠 수 있으며 화장실과 개수대 시설이 갖춰져 있다.

ADD	충남 태안군 원북면 황촌리 810-2
TEL	017-420-2875
예약방법	선착순
이용요금	10,000원
바닥	모래사장

격포 해수욕장 / 땅끝 오토캠핑장

67 안면도 캐러밴파크

캐러밴캠핑을 즐길 수 있다. 카트 체험장이 바로 옆에 있고, 백사장 수산물 어시장이 있어 놀거리와 먹거리가 풍부하다. 해변길을 따라 걸어서 꽃지해수욕장까지 이동이 가능하다.

ADD	충북 태안군 안면읍 창기리 1262-154
TEL	1566-3691
WEB	http://www.anycampingcar.com
예약방법	홈페이지 예약
이용요금	6인 스위트 : 평일 130,000원, 금~토요일 240,000원, 일요일 160,000, 성수기 240,000원, 극성수기 270,000원

68 청포아일랜드 캠핑장

청포대 해수욕장을 바라보며 길게 늘어선 구역을 8개로 나누어 운영하고 있다. 텐트의 크기나 취향에 따라 캠핑할 구역을 정할 수 있다. 텐트가 없는 이들은 대여를 할 수 있으며 펜션도 운영하고 있다.

ADD	충남 태안군 남면 양장리 1230-53
TEL	070-8749-5622
WEB	http://www.cpisland.kr/
예약방법	홈페이지 예약
이용요금	주중 20,000원, 주말 25,000원, 성수기 (7/15~8/20) 30,000원 / 텐트 대여 : 30,000원
바닥	솔밭, 모래사장

69 학암포 오토캠핑장

2010년에 개장하여 깨끗한 최신식 시설을 자랑한다. 다만 그늘이 없는 것이 아쉽다. 100m 거리에 캐러반 숙박업소가 있으며 주변에 상권 형성이 되어 있어 편리하다.

ADD	충남 태안군 원북면 방갈리 515-79
TEL	041-674-3224
WEB	http://main.knps.or.kr, http://ecotour.knps.or.kr/hakampo/index.html
예약방법	선착순
이용요금	승용차 : 비수기 9,000원, 성수기 11,000원 / 승합차 : 비수기 14,000원, 성수기 17,000원 / 전기 : 2,000원
바닥	모래사장

몽산포 해수욕장

학암포 오토캠핑장

70 상족암 군립공원 야영장 ★★★★★

예약을 받지 않는 선착순제 캠핑장으로 상족암 박물관까지 바닷길을 걸어 이동할 수 있는데, 아름다운 남해의 경치와 공룡 발자국을 볼 수 있다. 8km 근방에 삼천포항이 있어 싱싱한 해산물들을 맛볼 수 있다.

ADD	경남 고성군 하이면 덕명리
TEL	055-670-4451
예약방법	선착순
이용요금	무박 4,000원, 1박 2일 8,000원
바닥	잔디, 모래사장

71 하서 해안공원 ★★★★★

솔밭에 위치하고 있으나 강한 바닷바람이 캠핑장까지 불어오기 때문에 텐트와 타프를 단단히 설치해야 한다. 캠핑장 입구에 마트가 있어 편리하다. 캠핑장 내 구역별로 관리하는 업소가 다르며 가격도 상이하다.

ADD	경북 경주시 양남면 하서리 657-27
TEL	054-744-0108, 017-520-0489
WEB	http://guide.gyeongju.go.kr
예약방법	전화 예약
이용요금	25,000원 전기 3,000원
바닥	솔밭

텐트를 대여할 수 있는 캠핑장
텐트를 구입하지 않았거나, 텐트 없이 여행을 왔는데 갑자기 캠핑이 하고 싶을 때, 다음에 소개하는 곳을 찾으면 된다. 미리 텐트가 설치되어 있어서 수고를 덜 수 있다.

72 강동 그린웨이 캠핑장 ★★★★

서울 도심 속 일자산 자연공원에 자리잡고 있다. 자신의 텐트를 사용하는 것은 물론, 미리 설치된 텐트를 대여할 수 있다. 대여 텐트를 이용하는 것이 더 저렴하다는 점이 이색적이다.

ADD	서울시 강동구 둔촌동 562-9
TEL	02-478-4079
WEB	http://www.gdfamilycamp.or.kr
예약방법	홈페이지 예약
이용요금	이용료 : 21,000원 / 텐트 대여 : 20,000원
바닥	모래사장

73 난지 캠핑장 ★★★

월드컵 상암경기장 주변의 한강공원 내에 자리잡고 있다. 잔디 야구장, 물놀이 시설 등이 있어 부대시설을 즐길 수 있으며 하늘공원, 노을공원으로의 산책도 가능하다.

ADD	서울시 마포구 상암동 495-81 한강시민공원 난지캠핑장
TEL	02-304-0061~3
WEB	http://www.nanjicamping.co.kr
예약방법	홈페이지 예약
이용요금	15,000원
바닥	모래사장

74 반디캠프 ★★★

서울이나 수도권 지역에서 차로 한 시간 남짓 걸리는 거리에 자리잡고 있다. 메타세콰이아숲 안에 캠핑장이 있는 것이 특징이다. 근처에 마장공원이 있어 산책을 즐기기에 좋다.

ADD	경기도 파주시 광탄면 기산리 517-1
TEL	010-6280-6635
WEB	http://cafe.naver.com/ksm8558k
예약방법	선착순
이용요금	25,000원
바닥	파쇄석

75 풀꽃나라 반디캠프 ★★★

봄, 가을에는 이름처럼 반딧불을 만날 수 있는 캠핑장이다. 캠핑은 물론 반디축제, 천체관찰 등과 같은 새로운 이벤트와 프로그램을 매달 선보여 캠퍼들에게 많은 호응을 얻고 있다.

ADD	경기도 양평군 지평면 일신리 695-1 인근
TEL	010-9433-4121
WEB	http://cafe.naver.com/campbandi
예약방법	홈페이지 예약
이용요금	30,000원 (전기 포함)
바닥	파쇄석, 모래사장
별도 프로그램	반디관찰, 천체관찰 등 매달 새로운 체험 프로그램

76 캠핑라운지 ★★★

기존의 캠핑 방식 외에도 캠핑 하우스와 캠핑 민박이라는 방식을 도입해 새로운 체험을 할 수 있다. 캠핑 장비를 대여해 주는 것은 물론 겨울에는 전기 담요와 난로 등의 난방장비 대여도 가능해 설중 캠핑을 즐기고자 하는 캠퍼에게 추천할 만하다.

ADD	경기도 포천시 이동면 장암리 650-5
TEL	010-4761-1145
WEB	http://www.campinglounge.com
예약방법	홈페이지 예약
이용요금	토지형 20,000원, 데크형 30,000원
바닥	파쇄석, 나무 데크

77 희리산 해송 자연휴양림 ★★★★

몽골 텐트가 20동 가량 준비되어 있으며 아이들이 놀 수 있는 수영장도 있다. 일반 캠핑장과 오토캠핑카 캠핑장도 마련되어 있으며 지정된 장소에서 숯불을 피울 수 있다. 20km거리에 춘장대 해수욕장이 있다.

ADD	충남 서천군 종천면 희리산길 206
TEL	041-953-2230
WEB	http://www.huyang.go.kr/user/forest/User_contentIntro.action?rcode=35&mcode=55&hcode=0187
예약방법	홈페이지 예약
이용요금	파쇄석 2,000원, 나무 데크 4,000원 몽골텐트 대여 9,000원
바닥	나무 데크
별도 프로그램	숲해설

풀꽃나라 반디캠프
희리송 자연휴양림
조봉 민박
주천강 강변 자연휴양림

숙박시설이 있는 캠핑장

아직 캠핑이 낯선 초보 캠퍼라면 숙박시설이 있는 캠핑장을 이용해보자. 낮에는 텐트를 치고 캠핑을 즐기다가 밤에는 안락한 숙박시설에서 쉴 수 있다.

78 조봉 민박 ★★★★

미천골 자연휴양림 인근에 위치한 곳으로 민박을 하면 민박집 소유의 데크를 이용해 한적한 캠핑을 즐길 수 있다. 데크 근처로 흐르는 맑은 계곡은 물놀이를 하기에 안성맞춤이다.

ADD	강원도 양양군 서면 서림리
TEL	043-833-7994
예약방법	전화 예약
이용요금	문의
바닥	나무 데크
숙박시설	민박

79 주천강 강변 자연휴양림 ★★★★

해발고도 700m 이상의 봉우리로 둘러싸인 오염되지 않은 자연환경에 위치하고 있으며 계곡과 산림이 어우러져 아늑한 분위기를 자아낸다. 2012년 리뉴얼을 하여 깔끔한 시설을 갖추고 있으며 특이하게도 노래방을 이용할 수 있다.

ADD	강원도 횡성군 둔내면 영랑리 116
TEL	033-345-8225
WEB	http://www.joochun.com
예약방법	홈페이지 예약
이용요금	입장료 : 성인 2,000원, 청소년, 어린이 1,000원 / 이용료(비수기) : 주중 20,000원, 주말 25,000원 / 이용료(성수기) : 주중 25,000원, 주말 30,000원 / 이용료(극성수기) : 주중, 주말 35,000원
바닥	파쇄석, 나무 데크
숙박시설	캐러밴, 펜션

80 청태산 자연휴양림 ★★★

높게 뻗은 소나무 사이에 나무 데크가 가지런히 설치되어 있다. 매년 기온에 따라 오픈일이 다르므로 사전에 문의 후 찾는 것이 좋다. 놀이터와 산책로, 어린이 물놀이장이 마련되어 있어 어른이나 아이 모두에게 추천할 만 하다.

ADD	강원도 횡성군 둔내면 청태산로 610
TEL	033-343-9707
WEB	http://www.huyang.go.kr/user/forest/User_contentIntro.action?rcode=35&mcode=55&hcode=0106
예약방법	홈페이지 예약
이용요금	국립 자연휴양림 기준
바닥	나무 데크
숙박시설	펜션
별도 프로그램	목공예, 숲해설

81 제암산 자연휴양림 ★★★★★

벚꽃길이 휴양림까지 연결되어 있어 봄에 찾으면 아름다운 풍경을 감상할 수 있다. 몽골텐트 사이트를 갖추고 있어 텐트가 없는 캠퍼도 편하게 캠핑을 즐길 수 있다. 버스정류장이 1km 내에 있어 백패킹캠핑을 하기에도 좋은 곳이다.

ADD	전라남도 보성군 웅치면 대산길 330
TEL	061-852-4434
WEB	http://www.jeamsan.go.kr
예약방법	선착순
이용요금	입장료 : 성인 1,000원, 청소년, 군인 600원, 어린이 400원 / 이용료 : 일반 5,000원, 데크 : 10,000원
바닥	파쇄석, 나무 데크
숙박시설	펜션, 몽골텐트

82 옥화 자연휴양림 ★★★

개인이 운영하고 있는 자연휴양림이다. 데크가 타이트하게 배치되어 있어서 지인과 함께 캠핑을 오기에 좋다. 캠핑장 인근에는 계곡이 없고 휴양림 위쪽으로 올라가야 한다.

ADD	충청북도 청원군 미원면 운암리 61-2
TEL	043-283-3200
WEB	http://okhwa.cbhuyang.go.kr
예약방법	선착순
이용요금	입장료 : 중학생 이상 1,000원 / 이용료 : 일반 20,000원, 대형 데크 40,000원
바닥	나무 데크, 흙바닥
숙박시설	펜션

83 토함산 자연휴양림 ★★★

입구에서 차를 이용해 2km가량 산길을 올라가면 휴양림 꼭대기에 야영장이 있다. 야영장에서 이어진 등산로를 따라 올라가면 전망대에 도착할 수 있다. 주변에 매점 같은 부대시설이 없어서 미리 장을 봐야 한다.

ADD	경상북도 경주시 양북면 장항리 산 599-1
TEL	054-722-1254
WEB	http://rest.gyeongju.go.kr
예약방법	선착순
이용요금	입장료 : 성인 1,000원, 청소년, 군인 700원, 어린이 500원 / 이용료 : 10,000원
바닥	나무 데크
숙박시설	펜션

별도 프로그램을 즐길 수 있는 캠핑장

캠핑장 부근에서 자연체험학습을 할 수 있는 곳이 주를 이루고 있다. 아이들과 함께하는 가족 캠퍼에게 더욱 유익한 캠핑장이다.

중랑 캠핑숲

85 뷰식물원 ★★★

본래는 식물원이지만 2012년에는 식물원 공사로 인해 오토캠핑장과 교육농장만이 운영되고 있다. 식물원 전체가 유원지같이 자연과 펜션, 캠핑장이 어우러져 있어 아름답다. 아이들을 위한 다양한 프로그램이 준비되어 있다.

ADD	경기도 포천시 일동면 유동리 441
TEL	031-534-1138
WEB	http://www.viewgarden.co.kr
예약방법	홈페이지 예약
이용요금	20,000원
바닥	잔디
별도 프로그램	천연비누, 아로마 향초, 나무문패 등 만들기 체험

84 중랑 캠핑숲 ★★★★

서울 끝자락에 버려져 있던 개발제한구역을 복원해 건강한 숲을 주제로 개발한 생태학습공원이다. 캠핑장 주변에는 산책로와 분수 등의 녹지시설이 잘 이루어져 있고 미취학아동부터 온 가족이 함께 즐길 수 있는 다양한 프로그램을 진행 중이다.

ADD	서울시 중랑구 망우동 56
TEL	02-435-7168~9
WEB	http://parks.seoul.go.kr/JungnangCampGround
예약방법	홈페이지 예약
이용요금	이용료 : 25,000원 / 전기 : 3,000원
바닥	모래사장
별도 프로그램	숲체험, 자연학습

86 수안산 체험학습장 ★★★

곤충체험학습장을 개방해 캠핑장으로 사용하고 있다. 봄, 가을에는 반딧불을 만날 수 있어 아이들에게 좋은 체험학습장이 된다. 자연과 과학을 접목한 다양한 프로그램을 진행하고 있다.

ADD	경기도 김포시 대곶면 율생리 산 122
TEL	031-989-4547~8
WEB	http://suansan.com
예약방법	홈페이지 예약
이용요금	25,000원
바닥	잔디, 파쇄석
별도 프로그램	쑥, 냉이 캐기, 우렁 잡기, 모내기 등

산솔캠프장

초동골

파도목장

아산 기쁨두배마을캠피장

87 산솔캠프장 ★★★

270년 역사를 자랑하는 보호수인 '오지의 마법사' 소나무가 있는 산솔마을에 위치한 캠프장. 폐교를 활용하여 운동장과 데크에서 캠핑이 가능하다. 학교 앞 바로 앞에 계곡물이 흐르고 있는데 진입로가 낮은 다리 딱 하나 뿐이라 강수량이 많을 경우 미리 연락을 해보는 편이 좋다.

ADD	강원도 영월군 중동면 녹전 2리
TEL	033-378-6620, 010-7189-3306
WEB	www.sansoul.com
예약방법	전화 예약
이용요금	문의
바닥	모래사장
별도 프로그램	썰매타기

88 초동골 ★★★

폐교 운동장에서 캠핑을 할 수 있다. 폐교 내부는 모임이나 숙박을 할 수 있도록 개조되어 있으며 학생용 화장실과 개수대 등이 그대로 남아있어 재미있는 분위기를 느낄 수 있다. 성우 리조트에서 차로 5분 거리다.

ADD	강원도 횡성군 둔내면 조항 1리 566
TEL	033-343-0683, 010-4593-0683, 010-2212-0683
WEB	http://www.chodonggol.co.kr
예약방법	홈페이지, 전화 예약
이용요금	주중 7,000원, 주말 10,000원
바닥	모래사장
별도 프로그램	가마솥 밥짓기, 떡메치기, 두부 만들기

89 파도목장 ★★★★

캠핑보다 체험활동을 중점적으로 할 수 있는 체험학습장으로 온 가족이 함께 치즈를 만드는 등의 목장체험을 할 수 있다. 바다가 시원하게 보이는 전망 좋은 곳에 펼쳐진 잔디밭의 경치가 아름답다.

ADD	전남 무안군 현경면 해운리 910-8
TEL	061-453-6193
WEB	http://www.padofarm.co.kr
예약방법	선착순
이용요금	20,000원
바닥	잔디
별도 프로그램	치즈 만들기, 목장체험, 갯벌체험

90 개화 예술공원 ★★★★

조각공원 내에 위치한 캠핑장이다. 허브랜드 조각공원, 민물고기관, 허브찜질방, 4계절 썰매장 등 다양한 체험공간을 갖추고 있다. 캠핑장 이용료에 공원 입장료와 전기세가 포함되어 있다.

ADD	충남 보령시 성주면 개화리 177-2
TEL	예술공원 041-931-6789, 캠핑장 010-4487-2725
WEB	http://www.gaehwaartpark.com
예약방법	전화 예약
이용요금	20,000원
바닥	파쇄석
별도 프로그램	허브랜드, 민물고기관, 조각공원, 허브찜질방, 4계절 썰매

91 아산 기쁨두배마을캠핑장 ★★★

대규모 과수단지 정보화마을인 기쁨두배마을에 위치한 캠핑장으로 사계절 이용할 수 있는 오토캠핑장이다. 다양한 농촌체험 프로그램을 즐길 수 있다.

ADD	충남 아산시 둔포면 석곡리 324
TEL	041-532-6754, 080-725-1100
WEB	http://cafe.daum.net/baekche
예약방법	홈페이지, 전화 예약
이용요금	홈페이지 예약 20,000원, 전화 예약 25,000원
바닥	모래밭
별도 프로그램	시계 만들기, 거울 만들기, 서바이벌 게임, 상추, 감자, 고구마, 땅콩 캐기, 배 따기 등

92 밀양 영화학교 ★★★

대안학교에서 운영하는 캠핑장이다. 폐교 내부를 캠퍼들이 이용할 수 있도록 개방하고 있으며 시간을 정해놓고 영화상영을 한다. 주중에는 영업을 하지 않으며 주말에만 이용이 가능하다.

ADD	경남 밀양시 하남읍 명례리 974-4
TEL	055-391-7835
WEB	http://cafe.daum.net/my.movie.school
예약방법	홈페이지 예약
이용요금	22,000원
바닥	잔디
별도 프로그램	영화감상

제주도에 위치한 캠핑장

모든 것 훌훌 버리고 떠난 제주도에서의 캠핑은 육지와는 다른 섬의 매력을 십분 느낄 수 있다.

중문 색달해변

93 관음사 야영장 ★★★★★

한라산 등반 코스 중 관음사 코스에 위치한 야영장으로 이곳에서 하룻밤 야영을 한 후 바로 등산을 할 수 있다. 한라산 천혜의 자연과 맑은 공기를 즐길 수 있으며 넓은 취사장과 캠프파이어 시설, 운동기구까지 마련되어 있어 편리하다.

ADD	제주도 제주시 산록북로 588
TEL	064-756-9950
예약방법	선착순
이용요금	텐트 3인용 이하 3,000원, 4~9인용 이하 4,500원, 10인용 이상 6,000원
바닥	모래사장

94 모구리 야영장 ★★★★★

드넓은 초원이 펼쳐져 있는 모구리 야영장은 제주도의 맑고 깨끗한 자연을 그대로 느낄 수 있다. 인라인 스케이트장, 서바이벌 게임장, 산책로 등 부대시설이 잘 이루어져 있어 꼭 한번 찾아가 볼만한 캠핑장이다.

ADD	제주도 서귀포시 성산읍 난산리 2960-1
TEL	064-760-3408
WEB	http://moguri.sgpyouth.or.kr
예약방법	선착순
이용요금	성인 2,400원, 청소년 2,000원, 어린이 1,600원
바닥	잔디
별도 프로그램	영화감상

95 중문 색달해변 ★★★★★

정식 캠핑장은 아니지만 중문관광단지 해안절벽 위 주차장에서 무료로 캠핑을 즐길 수 있다. 내리막길을 따라 내려가면 중문 해수욕장이 있고 바로 앞 해녀의 집에서는 갓 잡아온 싱싱한 해산물을 저렴하게 맛볼 수 있다.

ADD	제주도 서귀포시 색달동 3039
예약방법	선착순
이용요금	무료
바닥	잔디

일상의 쉼표,
캠핑을 시작하다

초판 1쇄 발행 | 2012년 10월 20일
초판 2쇄 발행 | 2013년 7월 10일

지은이	이원택
펴낸이	김혜원
기획, 편집	김규리
디자인	niceage

펴낸곳	(주) 우듬지
등록	제16-3089호 (2003년 8월 1일)
주소	서울특별시 강남구 역삼동 790-14호
전화	02) 501-1441
팩스	02) 557-6352
이메일	info@picabooks.co.kr
홈페이지	www.woodumjibooks.co.kr
트위터	@woodumji

ISBN 978-89-6754-003-6 13980

ⓒ 이원택, 2012 printed in Korea.

잘못 만들어진 책은 구입하신 서점에서 교환해 드립니다.
책값은 뒤표지에 있습니다.